Respetable Logia

Luz del Meridiano

Núm. 8 - 9641

Su historia odfélica, sus líderes y miembros, y su aportación a
la tradición y cultura juanadina.

En su centenario 1915 – 2015

Library of Congress Control Number: 2015950118

Fraternitas VE es una subsidiaria de Publicaciones VE especializada en servir temas y personas relacionadas a las órdenes fraternales.

Publicado 15 de noviembre de 2015
ISBN – 061592039X
ISBN - 978-0615920399 (Publicaciones V.E.)

Alejandro Ortiz, *Ct.*
Editor

Portada extracto de una Carta Patente Odfélica y Sello del Centenario de la Resp. Logia Luz del Meridiano.

Estandarte de la Resp. Logia Luz del Meridiano

Resp. Logia

Luz del Meridiano No. 9641

G. O. U. de O. F. en A.

Juana Díaz, P. R. Nov. 5 de 1915.

Al Hon. Consejo Municipal de Juana Díaz.

Tenemos el alto honor de invitar á Ud. para el grandioso festival de la inauguración y Dedicación de esta Resp. Logia **Luz del Meridiano** de la Gran Orden Unida de Odd-Fellows; acto que se verificará el

Domingo 21 del crrte. mes,

á las 8 P. M. en nuestro templo, situado en la calle del Sol frente a la Plaza de Baldorioty.

Considerándonos dignos de tal honor esperamos que con nuestra presencia obtenga mayor realce dicho acto.

Respetuosamente,

21 de Novr 1915

Manuel Pacheco
S. P.

Sergio León
N. G.

Este documento fue encontrado en el Archivo Municipal de

Juana Díaz

4

Prólogo

La historia de una institución cívica, como la Resp. Logia Luz del Meridiano de Juana Díaz, Puerto Rico, es una encomienda que requiere dedicación profunda y tenacidad para la investigación y análisis de los documentos conservados.

Ya, próximos a cumplir su centenario de vida odfélica, obliga al lector, a utilizar su recamara mental para captar en su memoria las privaciones que surgen al estar en contacto con las vivencias de aquellos forjadores de la sociedad que formaba a esta causa odfélica.

La unidad de propósitos afines con la filosofía y metas de esta gloriosa y baluarte institución, ha contribuido a perpetuar su existencia.

Siendo nuestro pueblo, en sus comienzos, muy pequeño era común que los ciudadanos desde su temprana juventud tuviera el ferviente deseo de encontrar un remanso de paz y armonía para compartir sus sueños y esperanzas. Como integrante de un pueblo amante de sus tradiciones y respetuoso de los que crearon lo que al presente disfrutamos y protegemos, es mandatorio honrar su permanencia en nuestra, actualmente, ciudad juanadina.

Fueron aquellos ilustres artesanos que con sus mentes meridianas comprendieron el compromiso de convertirse en voceros de lo que significa el concepto de hermandad. Sus cualidades de hombre con fervor cristiano, motivados por el apacible amor al servicio y al bien de los integrantes de la ciudad fue el horizonte que siempre se aspiró.

Hoy, como ayer, siguen presentes en nuestras relaciones como hermanos los principios de confraternidad que sembraron todos los que nos precedieron.

Continuamos con aquel derrotero que trazaron, como el que cultiva la tierra fértil, con la firme esperanza con su existencia sea el orgullo cívico de una ciudad en continuo crecimiento.

Sus integrantes sabiendo de su obligación patriótica exhortan a la ciudadanía a preservar este tesoro como un modelo de lo que significa la perseverancia de proteger este legado de nuestros Hermanos Fundadores del Odfelismo.

Justo Luis Pérez Morell

Noble Grande

Dedicatoria

Ilustres hombres que dejaron huellas en su trayectoria como miembros de esta Respetable institución odfélica, lo fueron el Hno. Francisco (Pancho) Martínez y el Hno. Félix Rivera Cortés.

Estos distinguidos caballeros ocuparon las posiciones de Digno Custodio y Secretario Permanente de la Resp. Logia Luz del Meridiano. Ellos, como funcionarios oficiales y con sus diáfanos ejemplos de responsabilidad y lealtad, lograron influir la disciplina odfélica entre los demás miembros activos.

Ambos fueron parte de aquella generación pionera que iniciaron y levantaron "esta casa de hermandad" al servicio de sus ciudadanos que viven y aman los principios éticos-cristianos.

Hno. Francisco Martínez

En su cotidiana vida, el Hno. Pancho, fue el barbero de excelencia que atendía en su salón a ilustres conciudadanos. Numerosos miembros de su familia ingresaron a nuestra logia. Todos siguieron sus pasos en el respeto cívico y de confraternidad.

Hno. Félix Rivera Cortes

El Hno. Félix Rivera Cortes, a pesar de su condición física, que le impedía caminar con seguridad, dedicaba sus horas diarias a la enseñanza musical. Fue un gran maestro en la ejecución del piano para muchos niños de la época.

Ambos fueron fieles defensores de la filosofía odfélica, que supieron defenderla como un tesoro para los que hoy nos enorgullecemos de ser parte de esa familia.

En ese espíritu de sincera hermandad dedicamos ese recorrido histórico, expresado con gran devoción, como una muestra de gratitud eterna de los que estamos presentes.

¡Que en paz descansen!

Justo Luis Pérez Morell
Noble Grande

Luz del Meridiano

Oración de Apertura

Concédenos Señor
tú divina bendición.
Para que podamos actuar
bajo tu santa inspiración.

Bendice a nuestra logia,
y bendice a nuestros Hermanos,
y bríndanos el grato placer.
De ser sencillos y bondadosos.
Como todo buen odfelo.

Todo te lo pedimos
en Tu nombre y por Tu amor.
Amen.

Salmo 133

La bienaventuranza del amor fraternal
Cantico gradual de David

¡Mirad cuan bueno y cuan delicioso es que habiten los

hermanos juntos en armonía!

Es como el buen óleo sobre la cabeza, el cual desciende

sobre la barba, la barba de Aarón,

y hasta el borde de sus vestiduras: como el rocío de Hermón,

que desciende sobre los Montes de Sion,

porque allí envía Jehová bendición y vida eterna.

Inscripción en la Sagrada Biblia utilizada en la Resp. Logia
Luz del Meridiano

El Odfelismo: Palabras con Luz
Por Fidel Santiago

El origen del odfelismo mundial es en la ciudad Manchester, Inglaterra. Pero el gran marinero Peter Ogden trajo el mismo a mediados del siglo pasado al continente Norteamericano y el Caribe, especialmente a Santo Domingo, pasando luego a Puerto Rico. De esta forma se inician los primeros odfelos. La primera logia consagrada en Puerto Rico fue Luz de Borinquén en Ponce, siendo sus propulsores los Hnos. Manuel Lebrón y José Julián Meléndez.

De ahí en adelante continúo germinando el odfelismo extendiéndose por más de la mitad de los pueblos de nuestra patria. Claro, todo esto lo iniciaron estos dos titanes, Hnos. Lebrón y Meléndez trayendo la semilla del vecino país Santo Domingo para el 1909.

En nuestra ciudad Juana Díaz, se consagra nuestra Resp. Logia Luz del Meridiano bajo el mandato del Comité Administrativo de la Gran Orden Unida de Odfelos de Puerto Rico, en noviembre 15 de 1915, desde esa fecha para acá ha continuado brindado sus servicios ininterrumpidamente a nuestra ciudad sin lucro alguno. Todos los buenos seres humanos que han pasado por ella se han sentido orgullosos de la misma, porque se han convertido en hombres de bien, respetuosos y apreciados por la comunidad.

Nuestra madre logia siempre está dispuesta a albergar todo aquel que se sienta merecedor de pertenecer a la fraternidad de más madurez del mundo. La Gran Orden Unida de Odfelos se cimienta en tres (3) pilares que son: los Odfelos, la Gran Cámara de Rut y la Gran Rama Juvenil, de ahí en adelante surgen otros altos cuerpos diseminados por el odfelismo, como el Consejo de Maestro, Patriarcado, el Consejo de Past Más Nobles Gobernadoras y otros.

Si, mis hermanos, de este grupo de personas, hembras y varones en unión a los niños es que nos nutrimos para engrandecer el odfelismo con testimonios sanos, de buen entendimiento que a la larga nos conduce a lograr nuestras proyecciones.

En amor, amistad y verdad da gusto ser odfelo.

Hno. Peter Ogden

Marinero inglés

Fundador de la Gran Orden Unida de Odfelos en América

Cuadro 1

En Costa Valdivieso (1975) se encuentra la siguiente referencia:

Datos sobre el Señor Manuel Lebrón:

Nació en Arroyo, Puerto Rico en el año 1865. Murió en Ponce a la edad de 52 años, el día 2 de julio de 1917. Está enterrado en el Cementerio Civil de Ponce. La Logia Luz de Borinquén escogió el sitio donde fue enterrado, con el fin de más tarde erigir en este sitio el Monumento de los Odfelos...

Hno. José J. Meléndez

Fundador del odfelismo en Puerto Rico

Cuadro 2

¿Qué es el Odfelismo?

Autor Desconocido

Es una fraternidad fundada bajo los principios de la amistad, el amor y la vedad.

Su emblema son Tres Eslabones entrelazados.

El objetivo del odfelismo es luchar por el adelanto de la humanidad por los rectos caminos de la sabiduría, la virtud y la felicidad.

Bajo los estándares del odfelismo, se reúnen en fraternal camaradería, los niños virtuosos, las damas distinguidas y los hombres honrados, buenos y laboriosos.

El odfelismo no interviene en religión sectaria ni con política partidista.

El primer deber del odfelo es practicar la Regla de Oro que dice: No le hagas a nadie lo que no desees que te hagan a ti.

Otro deber del odfelo es conducirse de manera que cause buena impresión a todos.

El odfelos es libre de seguir los dictados de su consciencia y practicar aquellos principios que el crea son los mejores para promover su propia felicidad.

Hno. Manuel Lebrón

Oficial Comité Administrativo Gran Logia del Distrito #1

Cofundador del odfelismo en Puerto Rico

Apuntes Históricos de la Logia Luz del Meridiano
Por Justo Luis Pérez Morell

Para los primeros dos lustros de la dominación norteamericana Juana Díaz venía acelerando su contorno de pueblo progresista con el esfuerzo de hombres laboriosos que formaban la fuerza trabajadora de nuestra sociedad. Nuestro movimiento económico giraba en torno a la producción agrícola de la caña, el café, y el tabaco, y de unos entusiastas artesanos entregados a la simple manufactura y a la producción de artículos de consumo y de uso cotidiano. Los hombres y mujeres se dedicaban mayormente al comercio al detal, la agricultura, sastrería, la elaboración de pan y dulces, la zapatería y herrería, la ganadería, la orfebrería, la sombrería, la educación, los servicios públicos, la costura y a las labores domésticas.

A estos se sumaban las plumas de juanadinos ilustres que hicieron una gran aportación al nivel cultural tanto a la música, como en la literatura, la prensa y el arte pictórico. Juana Díaz apuntaba ya como un pueblo deportista, romántico, cristiano y bohemio donde la delicada serenata en las altas sombras de la noche se convertía en el rocío de la madrugada que acariciaba la mejilla de la mozuela que atisbaba tras las rejillas de su ventana. Era una época de sueños, de sanas costumbres, de respeto y orden, donde se veneraban y se protegían las instituciones y el hogar se convertía en el santuario de reunión para la plática de los problemas del diario vivir.

La proximidad a la cuidad de Ponce permitía el que hubiese una interacción beneficiosa en los movimientos socio-económicos. Muchos de nuestros hijos se entregaban a tares de trabajo en esta área del sur donde la doctrina odfélica iba abriendo surcos principalmente en los grupos cívicos compuestos por artesanos. El movimiento imperante de la época en que la nación estaba enfrascada en una guerra mundial motivaba a los hombres a convivir en grupos que albergaron propósitos comunes. A la sazón van organizándose las primeras logias odfélicas en Yauco y Ponce las cuales se conocieron como Luz de Oriente y Luz de Borinquén respectivamente. Sus sugestivos nombres fueron indicadores de la inquietud del hombre que ansiaba salir de la confusión, la obscuridad y la ignorancia.

Juana Díaz para ese entonces contaba con un nutrido grupo de ciudadanos que estaban destacándose productivamente en la industria, el comercio, la educación, la artesanía y los servicios públicos. Entre las figuras de gran estimación social se distinguían Don Manuel Pacheco, Don Cristino Renta, Don Miguel Fernández, Don Filiberto Valedón, Don Ramón Rivero, Don Leoncio Ortiz, Don Pedro Monclova y Don Ramón A. Cintrón, entre muchos otros.

Llegó a nuestro pueblo una representación de la Logia Luz de Borinquén de Ponce presidida por Don Santiago Cabrera, Don Modesto Quiñones y Don Juan A. Moura quienes hicieron los primeros contactos de orientación ante nuestros más entusiastas jóvenes que venían ocupando posiciones de liderazgo en la sociedad. Los propósitos sociales y filosóficos del odfelismo encendió el entusiasmo de aquella juventud que a medida que profundizaban en el conocimiento e historia de aquel movimiento, eran legionarios de conocidos hombres que iban incorporándose a la asociación cívica que surgiría más tarde en el pueblo juanadino.

Siguieron luego las visitas de orientación hasta que el 15 de noviembre de 1915 se inicia el primer grupo de trabajo bajo la dirección de la Logia Luz de Borinquén y su Comisión Instaladora presidida por el Hno. Don Santiago Cabrera. Inmediatamente después continuaron otras iniciaciones y se nombra a Don Manuel Pacheco, como primer Secretario Permanente de la Logia en Instancia la cual más tarde se conocería como la Resp. Logia Luz del Meridiano. A las reuniones de orientación e iniciaciones siguieron las de instrucciones que irían capacitando mejor a los futuros componentes de la institución. Ya eran 34 conocidos ciudadanos los que formaban la matrícula de la Logia en Instancias.

El acontecimiento trascendental de la ocasión ocurre el 21 de noviembre de 1915 cuando oficialmente se instala la primera oficialidad de la Resp. Logia Luz del Meridiano Núm. 9641 bajo la dirección de la respetable comisión de la Logia Luz de Borinquén de Ponce asistida por la logia Perla del Caribe de Santa Isabel. En estos primeros pasos participaron los hermanos visitantes Juan Custodio, Juan Vázquez y Francisco Salich. La primera directiva de la logia fue compuesta por los siguientes hermanos:

Hno. Carlos Brunet – Abogado

Hno. Manuel Santana – Tesorero

Hno. Francisco Fernández – Capellán

Hno. Manuel Pacheen – Secretario Permanente

Hno. Miguel Fernández – Noble Padre

Hno. Ramón A. Cintrón – Past Noble Padre

Hno. Sergio León Lugo – Noble Grande

Hno. Francisco Schmidt – Vice Grande

Hno. Félix Román – Asistente del Noble Grande

Hno. Máximo Rodríguez – Asistente del Noble Grande

Hno. Rafael Rodríguez – Asistente del Vice Grande

Hno. Leoncio Ortiz – Asistente del Vice Grande

Hno. Primitivo Martínez – Digno Custodio

Hno. Rafael Martínez – Capellán

Hno. Filiberto Valedón – Secretario Permanente

Después de instalada la oficialidad hicieron uso de la palabra el Hno. Miguel Fernández quien en el curso de su peroración hizo calurosos elogios del Hno. Manuel Pacheco por sus valiosos y desinteresados servicios a la organización. Siguieron en turno otros hermanos que también lucían grandes dotes de oradores con una fina y delicada cortesía para su auditorio. El Hno. Manuel Pacheco sirvió por muchos años como Secretario Permanente y debido a su notoria influencia y respeto en la comunidad fueron muchos los que le admiraban por su desprendimiento y sus cualidades de hombre de comprobada moral y de principios éticos-cristianos.

El Hno. Sergio León Lugo, que más tarde se recibió de Abogado en Leyes, era un brillante orador el cual hizo una historia desde la fundación hasta el momento que asumían responsabilidad plena de la institución. En esta primera reunión y ante la presencia de los hermanos de la comisión instaladora, los hermanos Santiago Cabrera, Modesto Quiñones y Juan A. Moura, se tributó una batería por la confianza y cooperación prestada por ellos, pasando luego a recoger el tronco de pobres el cual produjo la cantidad de cincuenta y cinco centavos. El valor económico estaba totalmente subordinado a los valores sociales de sana convivencia, de respeto mutuo y de alta estimación a los principios del hombre hidalgo y sensible a las pasiones humanas.

El fervor y el entusiasmo jamás decayeron y continuaron los ingresos de muchísimos ciudadanos que reunían los requisitos de entrada. Entre estos cabe mencionar a figuras que aún tienen en nuestra sociedad sus descendientes como fueron Don Alberto Torres, Don Manuel Zambrana, Don Ramón Domínguez, Don Enrique G. Cains, Don Ramón Barceló, Don José Rivera, Don Demetrio Santiago, Don Lorenzo Álvarez. La producción e iniciativas de estos pioneros del odfelismo juanadino se dejó sentir en todos los ámbitos del país donde nuestros representantes pudieron mostrar sus conocimientos y su fácil expresión en la oratoria.

La disciplina odfélica que desplegaban les llevó hasta redactar en Reglamento para el Director de Banquete cual disponía el ordenamiento jerárquico para sentarse a la mesa y la autoridad del Director para ordenar el servicio y abandonar el salón una vez concluida la recepción era el Noble Grande el presidente de la mesa quien a una señal de su Director invitaba a pasar a los comensales de acuerdo a la gradación que ostentaban. Cualquier violación a la regla se imponía una severa multa o castigo de lo cual el Director de Banquete era el responsable de notificarle al Noble Grande. La sobriedad y el buen gusto era la excelencia del momento donde la ausencia de bebidas alcohólicas era notoria en esas actividades de caballeros.

La Resp. Logia Luz del Meridiano continuó su curso ascendente en la comunidad desde el mismo lugar que hoy se encuentra, en la calle Mario Braschi número 17, de esta población. Ha estado activo por espacio de setenta y siete años lo cual la hace la primera institución cívica creada y dirigida por juanadinos. Han pasado por ella desde su fundación quinientos catorce (514) socios que han recibido las sabias doctrinas filosóficas de esta organización mundial cuya sede original está en la calle Loxford número 24 en la ciudad de Manchester, Inglaterra. Ésta organización fue establecida formalmente en el siglo dieciocho (18) o sea alrededor de 200 años atrás, diseminando sus objetivos por los Estados Unidos, Australia, Nueva Zelanda, India, Canadá, Liberia, Indias Occidentales, Panamá, África (Ghana), Santo Domingo, Irlanda y Puerto Rico. El movimiento llegó a nuestra isla desde Santo Domingo el día 6 de abril de 1909 estableciéndose la primera logia en Ponce la cual se conoció como Luz de Borinquén.

La Resp. Logia Luz del Meridiano forma parte de cincuenta logias activas en el país siendo la octava (8) fundada por los pioneros del odfelismo insular. Su trayectoria ha sido brillante habiendo tenido ella representantes en las más altos cuerpos de la orden cuyas oficinas centrales están en la ciudad de San Juan, P.R. Actualmente cuenta con una matrícula de cincuenta y cuatro (54) miembros dirigidos por su actual Noble Grande el Hno. Ramón Colón Thillet (Willie) y los miembros de su directiva los Hnos. Heriberto Martínez, Cristino Burgos, Carlos Rivero (Charlie), Vidal Sepúlveda, José A. Torres, Carlos M. Santiago, Fidel Santiago, Fermín Rivera, Víctor E. Cruz,

Carlos Camacho, Samuel Ramírez, Ramón Colón Negrón y José R. Aponte, entre otros. Su estructura de corte colonial ha sido remodelada expandiéndose a un edificio de dos plantas donde semanalmente se dan cita un nutrido grupo de ciudadanos que disfrutaran de un rato de solaz y esparcimiento a través del juego y la confraternización.

Los fines de esta organización juanadina son estrechar los lazos de amistad entre los hombres, ayudarnos mutuamente en la hora del infortunio o la desgracia, cooperar en la búsqueda de un mundo de paz, estimular la filantropía en beneficio de los sufridos y continuar ampliando nuestras relaciones con los demás grupos cívicos. Para lograr sus metas cuenta con una Cámara de Rut compuesta de damas y una Rama Juvenil que la componen niños desde los siente años hasta los dieciséis años de edad. Participa discretamente en todas las campañas benéficas del país y estimula a sus miembros a participar a participar en todos los asuntos cívicos en bien de la comunidad. Se aparta de todos los problemas que dividen a la humanidad como lo son las ideas religiosas, político-partidistas, raciales, los niveles sociales y económicos. Acepta en su núcleo a hombres y damas de probada solvencia moral, profundamente espirituales, amantes de la paz y el orden y positivos líderes en su hogar y en la comunidad.

Nuestra meta de continuar la trayectoria de los hombres que fundaron esta institución en el año 1915 sigue vigorosa y con una gran fe de que su legado pasará a futuras generaciones tan sólida y unida como la recibimos. Estamos con plena conciencia de que este símbolo de la perseverancia y centro de formación del hombre íntegro continuará ejemplarizando con sus obras. La vida, costumbres y cultura del pueblo juanadino. La logia, allí en el cenit, en el meridiano, seguirá irradiando desde lo alto a nuestra sociedad y desde su centro cual eterno vigilante y observador, ira atrayendo a su casa a los hombres de carácter y de buena voluntad.

Cuadro 3

Principios Legendarios de la Gran Orden Unida de Odfelos en América

Autor Desconocido

El origen de la Orden del Compañeros Impar es de fecha muy antigua, fue establecida por los soldados romanos en campamente después de la Orden de los Israelitas, durante el régimen de Nero, Emperador de Roma en 55 c.e., para cuya fecha se les llamaban Ciudadanos Amigos. El nombre de odfelos fue dado a esta orden de hombres por Tito Cesar en el 79 c.e., Emperador de Roma, por sus nociones singulares de conocerse los unos a los otros lo mismo de noche como de día. No solamente les dio el nombre de odfelos sino al mismo tiempo como garantía de amistad, les otorgó una dispensación engravada con el Arco de Tito Cesar, el Arca de la Constitución, los candelabros de oro, la tabla de oro (indicativa de un gran talento), el sol del Noble Grande, la luna y las estrellas del Vice Grande, una lámpara para el Secretario, el león para el Guardián, la paloma para el custodio y los emblemas de mortalidad para el Gran Maestros.

Es muy probable que los primeros odfelos hicieron su aparición en el norte de Gales para esa época, ya que una invasión de las tropas de Tito Cesar en el note de Gales fue efectuada por el General Agrícola y seguidamente en la isla de Mona, ahora conocida como *Anglesea*. La primera noticia de la expansión de la Orden en otras partes del mundo es en el siglo V cuando fue establecida en los dominios españoles bajo dispensaciones romanas. En el siglo VI por el Rey Enrique de Portugal. En el siglo XII en Francia y de ahí establecida en Inglaterra por John Neville, asistido por dos caballeros de Francia y el 1 de marzo de 1843 fue establecida en los Estados Unidos por Peter Ogden asistido por dos caballeros de Inglaterra llamados Robert Sparks y James M. Day, cuando se instaló la Respetable Logia Philopathean Número 646 en la ciudad de Nueva York. Convirtiéndose Peter Ogden en el fundador de la Gran Orden Unida de Odfelos en América.

El Odfelo de Hoy y del Futuro

Por Justo Luis Pérez Morell

Cuando llegas al hogar de una logia odfélica ha sido por la gracia de un amigo o familiar que te motiva a conocer una peculiar filosofía de unión fraternal. Aquel familiar o amigo que tuvo el privilegio de ser parte de esta hermandad, fue que por conocimiento propio que aceptó los principios y la enseñanza lograda a través del conocimiento de las lecciones impartidas por los conocedores de la Orden Odfélica.

Al transcurrir tu estadía y compartir con tus hermanos, se va transformando tu personalidad cuando gradualmente asimilas la sabiduría que adquieres. Ingresas puro y sin manchas al recinto que une y se aparta de los prejuicios. Acreciente en ti la fe y la esperanza que son el fundamento cristiano que nos acercan al Ser Supremo.

Lo que hoy componen la matrícula de la logia adquirieron los consejos de alguien con el cual compartían propósitos y fines mutuos. Es en esta logia que al transcurrir diez (10) décadas de servicios a la sociedad han pasado por ella cientos de ciudadanos que le han servido en diversas ocupaciones profesionales o artesanales. Esos odfelos, unos que han partido al Reino Celestial y otros que aun conviven entres nosotros han demostrado por sus ejecutorias cívicas que la paz interior sólo la han conseguido a través de la sabiduría adquirida en el odfelismo. Este contribuye a cambiar nuestras relaciones como un ciudadano útil y servicial, un esposo respetuoso a su pareja, un padre amante de sus hijos y hermanos, y un contribuyente a la solución de los problemas cotidianos.

El odfelo que ha logrado "graduarse" a través de los años activos en su logia madre, ha sabido escalar las posiciones en el servicio público en los cuales ha demostrado su sapiencia, su humildad, su carácter y su amor al prójimo. Muchos de los nuestros han ocupado posiciones de liderato como alcaldes, ingenieros, comerciantes, educadores, técnicos, obreros diestros, policías, cleros cristianos, agricultores, administradores de empresas industriales, y en el transporte público.

El hermano de hoy y del futuro está muy alerta a los caminos socio-económicos que pueden influir en los estilos de vida y exigir un re-examen de la forma en que nos desempeñamos como odfelos. La Resp. Logia Luz del Meridiano, con su grupo actual de competentes hermanos ha estudiado las leyes y reglamentos que regulan la disciplina y orden que rigen en la institución odfélica. En armonía real del movimiento social que ha impactado a la sociedad ha surgido que vayamos atemperándonos a esos cambios en las literaturas odfélicas.

Los hermanos de hoy y del futuro en sus aspiraciones de crecimiento y de escalar graduaciones más altas que las existentes, se prestan a servir a la Orden en otras decisiones de los Altos Cuerpos. Hoy como lo fue en años anteriores, miembros de esta logia han ocupado asientos en otras jerarquías de la Orden. Los actuales miembros cumplen con rigurosidad y disciplina la orden reglamentaria, la cual crece en nosotros el aprecio y la defensa de la literatura que nos une y nos fortalece.

Los odfelos de la Resp. Logia Luz del Meridiano se preparan para culminar su vida centenaria con la certeza de que los precedieron compartan esa felicidad y gozo en la celebración.   Reconocemos que los difíciles momentos que vive la humanidad sin descontar la problemática de comprender, analizar y evaluar a la sociedad puertorriqueña, ante los abruptos giros que producido la ciencia y la tecnología, tenga su influencia en las instituciones que asina la unión y la tranquilidad en los estilos de vida de toda la familia como la logia odfélica.

Por esas circunstancias que nos "arropan" es que debemos todos, el odfelo de hoy y del futuro, vivir con un pensamiento positivo y ser actores de la solución a las situaciones inesperadas y complejas que nos ha tocado vivir. Juana Díaz, como ciudad prospera y de expansión territorial necesita la participación de los ciudadanos, como los que componen la matrícula de la Resp. Logia Luz del Meridiano que siempre han "defendido la verdad" en un ambiente de solidaridad de Amor, Amistad y Verdad.

Que Dios proteja siempre a los odfelos de hoy y del futuro.

Hno. Justo Luis Pérez Morell

De Dónde Venimos, Dónde Estamos, Hacia Dónde Vamos

Por Efraín Lamberty Carlo

El origen de nuestra Orden se remota a los primeros siglos de la Era Cristiana. En Grecia, en las poblaciones de Eleusis y Taos, se conocieron primitivamente como los Misterios Elusianos, donde eran iniciados los candidatos luego de una minuciosa investigación y había grandes ceremonias que duraban mucho tiempo, para iniciar los candidatos.

No fue hasta el siglo XVIII que la Gran Orden Unida de Odfelos, oficialmente instalada en Inglaterra; se reglamentó por medio de rituales y leyes y se instaló 1a primera Junta de Directores.

Hay logias establecidas en Estados Unidos, Australia, Nueva Zelandia, India, Canadá, Liberia, Indias Occidentales, Panamá, Irlanda, Santo Domingo y Puerto Rico. La razón de ser y la meta principal de esta Orden, es conseguir en el adelanto progresivo de la humanidad, llevándola por el camino de la sabiduría, la virtud y la felicidad.

La Orden esta subdividida en Ramas, que lo constituyen, Logias para el sexo masculino; Cámaras para el sexo femenino y Juveniles para menores de 6-16, de ambos sexos.

Nuestro lema, Amor, Amistad y Verdad, enlazado en eslabones, que simbolizan los pilares en que esta cimentada esta Institución.

Nos tratamos de hermanos y vivimos esa hermandad. Enseñamos que "el que quiera enseñar, debe primero aprender". "El que quiera mandar, debe aprender a obedecer". "No le hagas a nadie lo que a ti no te gusta que te hagan". Fundamentando en esta práctica de amor al prójimo, y una conducta que nos haga merecedores al respeto y confianza de nuestros congéneres, aspiramos a continuar siendo útiles al mundo en que nos desenvolvemos.

Hombres de carácter, damas distinguidas y virtuosas, niños abnegados; unidos en un solo haz, cobijados bajo la bandera de la justicia y respaldados por la mistad pura y sincera, el amor desinteresado y la verdad, que nos hará libres para realizar nuestros más caros anhelos en pro del bienestar de la humanidad.

Vamos cara al sol, frente al viento, con la mirada puesta en el porvenir.

¿Qué podemos ver, vislumbrar y augurar para los próximos años? Un cúmulo de hermanos abnegados trabajando sin cesar y en la medida de sus fuerzas, trazando nuevas metas, planeando nuevos programas, buscando el camino ancho del triunfo, para que los que vengan atras puedan transitar sin tropiezos, y sembrando la semilla del odfelismo, abonándola con nuestro sudor y ver que nos provea más y mejores hermanos.

Ese grupo de hermanos trabajadores, que aman la Orden y quieren verla en el más alto sitial, que no son muchos, van cayendo a la vera del camino y a medida que son menguados en número, no alentamos la esperanza de que vengan otros a recoger su báculo y continuar adelante, en la ruta de la esperanza.

¿Hacia dónde vamos? Hacia el final, pero hacia un final sin regreso. Si no aparecen nuevas ideas, leyes nuevas, cambios fundamentales en la nomenclatura de nuestra Institución, estamos previendo que esta Orden que tanto amamos y a la que hemos dado nuestro intelecto, nuestro tiempo y cuanto hemos podido dar, esta Orden buena y noble, no podrá resistir los embates de una sociedad cambiante que cada día tiene nuevos propósitos, nuevas ambiciones y nuevos estímulos.

Mañana habrá un nuevo amanecer. Otro día lleno de luz y progreso para la humanidad. Yo no estaré allí, pero mis palabras taladrarán el recuerdo de una promesa que hicimos una vez ante el Altar Sagrado y que nos place ahora el haberla cumplido hasta la medida de mis fuerzas, de mi entendimiento y de mi interés.

Hno. Luis Lamberty Carlo
Ex Gran Maestro del Distrito Núm. 41 de Puerto Rico

Cuadro 4

Credo del Odfelo

Autor Desconocido

1. Creo en Dios Todopoderoso, Omnipotente, Excelso Creador del Universo, principio y fin de todo lo existente.

2. Creo en la fraternidad universal del hombre basándose en nuestros preceptos fundamentales: Amistad, Amor y Verdad.

3. Creo que el odfelismo no es una religión; pero que es enteramente religioso en sus principios. No admite ateos en su seno y ora pidiendo al Todopoderoso Su presencia y Su influencia en todos sus actos y asuntos.

4. Creo que el odfelismo está libre de política partidista que es enteramente patriótico; y que exige a sus miembros la práctica de sus deberes ciudadanos.

5. Creo que es nuestra obligación amparar las viudas, proteger los huérfanos, visitar los enfermos y ayudar al desafortunado.

6. Creo en el respeto al gobierno constituido y en la

observancia de las leyes que nos gobiernan.

7. Creo que el odfelismo debe llevar a cada hogar la santidad y pureza de sus sanas influencias para que la paz, felicidad y la prosperidad sean por siempre las compañeras de la familia.

8. Creo en el odfelismo lleno de prácticas sociales que una a todos los hombres en un haz de hermanos sin distinción de razas, credos, matices u opiniones.

9. Creo en el odfelismo puro, único y raro como su nombre lo indica; puro en el lenguaje de sus símbolos; en la dramatización de sus ceremonias; en la estructura de sus templos; en la observación de sus rituales; en la aplicación e interpretación de sus leyes y usos, en su esencia; y en la virtualidad de sus principios.

10. Creo finalmente, que el odfelismo es una fuerza en la comunidad tendiente a hacer un mundo más sana y más puro donde se desarrolle la personalidad humana en toda su plenitud y donde practicándose la Ley de Oro, nos acerquemos más a nuestro Creador.

El Oriente Eterno

Tomado del Anuario del 75to Aniversario de la Resp. Logia Luz del Meridiano

Para diciembre del 1984, mientras le daba una ojeada a distintos programas de actividades de nuestra Orden Unida de Odfelos, me puse a pensar que se podía hacer algo que fuera significativo para la Logia, nuestra Orden y para el público en general. Pensé en el rotulo con luces brillantes en algún lugar del pueblo con los emblemas del odfelismo, pero de momento llego la idea de un monumento.

Pensé, monumento, dedicado a quien, en que sitio y los costos. Pensé rápidamente, se lo dedicamos a los Hermanos Odfelos que moran con el Señor y lo ubicamos en el cementerio de nuestro pueblo, que es posible, sin mayor costo.

Llevé la preocupación y la propuse en una de las Tenidas, la que acogieron con gran agrado, aprobando al idea.

Se lleva la propuesta a consideración de la Honorable Asamblea Municipal, la que aprobaron por unanimidad en la Resolución #11, serie 1984-85, autorizando la construcción del monumento odfélico, cediendo 12 metros de terreno para los propósitos ya indicados, por el precio de 1 dólar ($1.00), dicha Resolución fue aprobada el 11 de abril de 1985.

El señor Jaime Luis Colón de Jesús, fue contratado para la construcción del monumento, dice el contrato.

El Monumento consta según el plano:

1. Base de concreto de aproximadamente 15x1O.
2. Tres (3) paredes de 9" de largo x 6 de alto y 7.5" de espesor.
3. Estas estarán enchapadas de mármol blanco y una vestidura de granitos negros, empañetada y pintada la pared de atrás.
4. El piso estará cubierto de *quary* tiles.

5. Cuatro (4) banquitos en terrazo.

Esta construcción tiene un costo de $5,800.00 dólares. No incluye:

a. Grabado.
b. Diseño en el mármol.
c. Por ciento a pagar al municipio

La terminación total de esta obra es de $6,300.00. Nos dimos la tarea para conseguir el dinero, lo conseguimos e hicimos la obra.

EN RECORDACION A LOS HERMANOS ODFELOS MORANDO CON EL SEÑOR. DOQUIERA QUE VAYAS PROSPERA LA SUERTE. LLEVE TU CORAZON. PURA ALEGRIA. BLANDO TE SEA EL SUEÑO DE LA MUERTE. CUANDO REPOSES EN LA TUMBA FRIA.

La Directiva que aprobó la misma:

Hno. Fermín Rivera

Hno. Armando Collazo

Hno. Juan R. Texidor

Hno. Fidel Santiago

Hno. Luis R. Hernández

Hno. Víctor Santiago

Hno. Carlos J. Rivero

Hno. Tomas Rodríguez

Hno. Ramón G. Thillet

Hno. Vicente Vélez

Hno. Heriberto Martínez

Hno. Ramón Colón Negrón

Hno. Cristino Burgos

Hno. José R. Aponte

Hno. Rafael Rodríguez

Hno. Carlos Camacho

Propulsor de este proyecto Fidel Santiago; Noble Grande.
Queremos hacer constar nuestro agradecimiento al
Honorable Ángel León Martínez, Alcalde de Juana Díaz y a

la Honorable Asamblea Municipal y todos aquellos que en una forma u otra ayudaron a realizar el monumento.

También nuestro agradecimiento y aprecio a todas las viudas de los Hermanos Odfelos que moran con el Señor, a todos los altos dignatarios de nuestro gobierno, como a las Hermanas y Hermanos Odfelos por acompañarnos en esta actividad. Para generalizar un fuerte abrazo a la familia reunida en esta actividad. Un fuerte abrazo y un amoroso beso a cada una de las esposas de parte de sus esposos por su estímulo y dedicación que tienen para cada uno de nosotros, lo que inspira seguir proyecciones que trazamos.

Fidel Santiago y Heriberto Martínez

El monumento odfélico en el cementerio civil de Juana Díaz fue dedicado el 28 de febrero de 1988 por el Noble Grande Fidel Santiago.

Hno. Manuel Lebrón

Odfelos, Juanadinos e Ilustres

Hno. Ramón Fernández – Jefe de Correo

Hno. Zoilo Gracia – Inspector de Escuelas

Hno. Domingo Ortiz - Alcalde

Hno. Ramón Domínguez – Asambleísta Municipal

Rvdo. José Vilar – Pastor Evangélico

Hno. José Martínez – Barbero

Hno. Efraín Lamberty Carlo – Director de Correo

Hno. Juan R. Martínez Collazo – Ingeniero Civil

Hno. Luis Martínez Collazo - Cirujano

Hno. Filiberto Valedón - Sastre

Hno. Juan Vidal Mayo - Agricultor

Hno. Víctor Cruz - Alcalde

Hno. Santiago "Chago" Martínez - Alcalde

Hno. Fermín Rivera – Agente Funerario

Hno. Justo Luis Pérez – Superintendente de Escuela

Hno. Ramón G. Colón Thillet – Comerciante / Líder Cívico

Hno. Arístides Godreau - Maestro

Hno. Ernesto Siuró – Mayordomo

Noble Grandes de la Resp. Logia Luz del Meridiano
(1915-2015)

Hno. Sergio León Lugo

Hno. Domingo Ortiz

Hno. Domingo Santiago

Hno. Juan R. Martínez

Hno. Ramón Rivera

Hno. José A. Colón

Hno. Juan Molina

Hno. Víctor E. Cruz

Hno. Eulogio Vega

Hno. Ernesto Cintrón

Hno. Felipe Cintrón

Hno. Roberto Monclova

Hno. Antolín Castillo

Hno. José M. Miranda

Hno. Francisco Fernández

Hno. Fermín Rivera

Hno. Carmelo Rodríguez

Hno. Bienvenido Banchs

Hno. Ramón Fernández

Hno. Zoilo Gracia

Hno. Santiago "Chaguin" Martínez

Hno. Leopoldo Vega

Hno. Dámaso Rivera

Hno. Fidel Santiago

Hno. Rudy López

Hno. Ramón G. Colón Thillet

Hno. Samuel Hernández

Hno. Justo Luis Pérez Morell

Hno. Efraín Lamberty Carlo

Hno. Luis Efraín Lamberty

Hno. Víctor Santiago

Hno. Santiago Collazo Santos

Hno. Juan Rodríguez García

Cuadro 5

En Costa Valdivieso (1975) se encuentra la siguiente referencia:

La Novena Asamblea se celebró en abril 18 de 1920 en el Templo de la Logia Masónica de Aguadilla, y se eligió la siguiente Comisión Ejecutiva

Gran Maestro Francisco Fernández – Logia Luz del Meridiano, de Juana Díaz

Hno. José Julián Meléndez

Primer Gran Maestro del Distrito 41 en Puerto Rico

Víctor E. Cruz Cruz

Autor desconocido, reseña biográfica con motivo de la fundación del Consejo de Maestros de Juan Díaz

Nace el 15 de septiembre de 1911, en el barrio Guayabal de Juana Díaz. Siendo sus padres Don Ángel Cruz y la Sra. Concepción Cruz.

Cursó sus grados primarios en la escuela rural del Barrio Guayabal y se graduó de octavo grado en el pueblo de Juana Díaz. Donde había ido a vivir después de sus grados primarios.

Su primer trabajo fue de operador de máquinas en la hacienda Amelia de ese pueblo. Luego fue conserje en la escuela Manuel Fernández Juncos.

Incursionó en la política como miembro del Partido Socialista y esto le brindó la oportunidad de obtener un puesto de secretario municipal, bajo la incumbencia del alcalde Serafín Mangual, actuando en esa posición por cuatro años.

La mayor parte de su vida actuó de porteador público de Ponce a Juana Díaz y presidió la organización por unos cuantos años.

En el año 1946 ingresó a la Resp. Logia Luz del Meridiano, ocupando casi todos los puestos de su logia. El conocimiento que obtuvo en su paso por la orden, donde obtuvo la jerarquía de Maestro, lo capacitó para obtener mayores triunfos en la vida. Desarrolló liderazgo hasta llegar a obtener la primera poltrona municipal en el año 1972, por el Partido Popular Democrático.

Falleció el 8 de junio de 1983 y le sobreviven, su viuda, Doña María Martínez y sus hijos, Víctor Rafael, Orlando, Carmen Victoria, Víctor Gerardo, José Víctor y María Victoria. Nos honramos en nominar este Consejo con su nombre.

Hno. Víctor Cruz

Zoilo Gracia Zayas

Por Fidel Santiago

Datos recopilados de archivos del Departamento de Educación y de la Resp. Logia Luz del Meridiano de Juana Díaz.

Nació el 10 de julio de 1883 en Santa Isabel, Puerto Rico. Sus padres Hno. Guillermo Gracia Vélez, maestro y agricultor y Doña Delfina Zayas Santiago de Coamo.

El Hno. Zoilo Gracia, siguió los pasos de su señor padre tanto en la parte académica como en la agricultura. Estando en esos haberes, fue seleccionado para recibir adiestramiento más adelantado en agricultura en la Universidad de Cornell en Ítaca, New York. A su regreso a Puerto Rico empezó a trabajar como maestro de agricultura en su pueblo natal, esto parece haber influido en su gran amor por la tierra y por los habitantes de la zona rural.

Gustaba de la tranquilidad de la vida en el campo y fue la cacería su deporte favorito. Ejerció el profesorado en Santa Isabel y Juana Díaz. Más tarde fue principal de escuela en ambos pueblos. Como Superintendente de Escuelas sirvió en Bayamón, Rio Grande, Adjuntas, Guayama, Juana Díaz, Cayey, Corozal e Isabela. Laboró mucho por la instalación de comedores escolares y segundas unidades. Se notaba su predilección por el mejoramiento de la enseñanza en la Zona Rural.

Hno. Zoilo Gracia Zayas

Amó mucho el pueblo de Juana Díaz. En este se casó con la joven Carlota Franceschi, con el advenimiento de sus hijos Emma, Samuel, William y Elsa.

Se destacó grandemente en la masonería y en el odfelismo de Puerto Rico. En su influencia en las distintas ramas del odfelismo especialmente en la Rama Juvenil. Se convirtió en la persona que originó la otorgación de diplomas al primer grado en las escuelas de Puerto Rico, siendo su hija Elsa Ruth una de las primeras en obtenerlo.

Fue un defensor del hombre humilde y enemigo de la distinción de razas. Odiaba la injusticia y el orgullo. Fue Gran Maestro del Distrito Odfélico de Puerto Rico en los años 1932-1933 y 1934. Como odfelo y líder en su línea profesional impartió directrices que aún perduran.

Murió en Santurce a la edad de sesenta (60) años, el día 1 de septiembre de 1943.

Cuadro 6

En Costa Valdivieso (1975) se encuentra la siguiente referencia:

La Vigésima Primera (21) Asamblea se celebró en la Logia Caballeros de Agueybaná, de Mayagüez, durante los 16 y 17 de abril del año 1932, y se eligió la siguiente Comisión Ejecutiva

Gran Maestro Zoilo Gracia – Logia Luz del Meridiano, de Juana Díaz

[…]

La Vigésima Segunda (22) Asamblea se celebró en el Templo de la Gran Logia Soberana Masónica, entonces en la Calle Del Cristo #6, durante los 22 y 23 de abril del año 1933, y se eligió la siguiente Comisión Ejecutiva

Gran Maestro Zoilo Gracia (reelecto) – Logia Luz del Meridiano, de Juana Díaz

Bienal Odfélica

Por Alejandro Ortiz

En amor, amistad y verdad... con estas tres palabras se resume la filosofía odfélica. Eso es lo que se experimentó entre los hermanos que participamos en la 21ra Bienal de los odfelos celebrada en la Republica Dominicana. Representantes de EE.UU. Bahamas, Cuba, Inglaterra y Puerto Rico, se reunieron en Santo Domingo para presenciar los trabajos de los hermanos dominicanos.

La avanzada de la delegación puertorriqueña llegó a República Dominicana dos días antes de la bienal. Para así poder visitar las logias de Santo Domingo y los lugares en que estaríamos trabajando odfélicamente. Visitamos la logia Humildad (hogar del comité administrativo), en donde nos dieron por primera vez el abrazo fraternal y el café de bienvenida; luego a la logia centenaria Veritas, anfitriona de la bienal.

Más tarde nos dirigimos a la zona colonial donde se harían los reconocimientos y la cena con el Gran Maestro, Hno. Bernando Sánchez Sánchez. También nos acompañaron parte de los 18 hermanos y Grandes Dignatarios de la orden en Puerto Rico. Allí presencié lo que considero fue la actividad más importante de la bienal.

Durante esta cena se destacó al Hno. Henry Emilio Cuebas Michel. Un odfelo con 65 años de trabajo en la orden, a quien se le nombró como Ilustre Protector de la Orden. Es el mensaje de agradecimiento lo que hizo especial la ocasión. El Hno. Cuebas expresó que ha trabajado y continuará trabajando por engrandecer a la orden, a la Republica Dominicana y el mundo.

M.Q.H. Bernando Sánchez Sánchez

Otro de los homenajeados, esta vez por labor
filantrópica, lo fue el Hno. Dr. Félix Antonio Cruz Jiminian,
médico que ha dedicado su práctica a atender a los que
menos recursos tienen. A cuyo trabajo se le añade los
esfuerzos de la logia que está auspiciando una clínica médica
con 20 camas. En su mensaje el Dr. Cruz mencionó que es
su honor pertenecer a la orden porque en esa noche
"podríamos estar bebiendo y *cabaretiando*, sin embargo
quedan instituciones como nuestra orden de prestigio y
moral".

Ejemplo que es reforzado por el Hno. Lcdo. Juan de
la Cruz Germán, Gran Secretario, cuando declaró durante los
trabajos de la bienal que un hombre sin moral es peor que las
bestias.

Con el Hno. Henry Emilio Cuebas Michel

Los trabajos de la bienal transcurrieron sin problemas significativos. Se reconocieron a las diferentes comisiones de visitantes de otras jurisdicciones. Se nos presentó una charla sobre el odfelismo, se discutió sobre la distribución a nivel nacional del periódico La Voz del Odfelismo y hasta recibimos una visita de hermanas de la Cámara de Rut quienes nos trajeron los saludos fraternales de la Gran Superiora.

Algo que nunca antes había visto fue la plena cooperación de ex Grandes Maestros. En el sentido que los ex Grandes Maestro ocuparon puestos durante los trabajos de la bienal y ayudaban a hacer el trabajo del Gran Maestro más fácil.

Un *uso y costumbre* que me pareció curioso fue que los títulos profesionales dentro de los trabajos de las tenidas. Esto es un ejemplo de madurez, porque el doctor no menosprecia al jardinero, ni el jardinero se siente amenazado por el doctor. Un ejemplo de seguridad personal, ya que nadie tiene que sentirse amenazado por los triunfos profesionales de un hermano. Ya que el triunfo de un hermano en el mundo profano es un triunfo de la orden en general que debe ser celebrado.

Carnet de Identificación

Pero si hay algo que destacar de la 21ra Bienal de los odfelos en República Dominicana es que se presentó una bienal donde los trabajos no tienen que ser sombríos. No tienen que ser aburridos o tediosos (aunque, necesario, lo que tiene que ver con el tesoro siempre es tedioso). El estar en una organización fraternal es sobre amor la amistad y la verdad… y de eso hay demás en el odfelismo.

Cuadro 7

Cortas Reseñas de Nuestro Odfelismo
Autor Desconocido

No sabemos con exactitud cuándo se originó la Orden, pero
si sabemos que para el año 1898 se celebró en Inglaterra un
festival celebrando los cien años de habérsele permitido a
todas las sociedades reunirse libremente. Las sociedades
existentes en Inglaterra venían trabajando clandestinamente
hasta que en el año 1793 el Parlamento Inglés aprobó la ley
sobre Sociedades Secretas.

Entre los años 1793 hasta 1798 la Orden se ocupó de
preparar datos y registros entre las logias existentes. Nos
podemos imaginar la fuerte tarea que tuvieron, ya que hasta
esa fecha nada se escribió por temor a comprometerse con
las autoridades. Por tal razón no podemos decir con
exactitud cuál es la logia más antigua. Aunque podemos
determinar en algunas logias estaban trabajando como tal
antes del año 1750.

La Gran Logia Unida de Odfelos nació de las múltiples

uniones de trabajadores existentes en esa época.

El Hno. Peter Ogden, un marino mercante, que viajaba constantemente entre EE.UU. e Inglaterra fue quien consagró la primera logia perteneciente a la Gran Orden Unida de Odfelos. El odfelismo llega a América con la apertura de la Respetable Logia *Philomathean* Núm. 646 en la ciudad de Nueva York el primero de marzo de 1843. Esta fue la primera logia en América bajo los auspicios de la Gran Orden Unida de Odfelos. Es importante destacar que para el año 1819 el inglés Hno. Thomas Wildey, consagró bajo la *Union Order* la Respetable Logia Washington Núm. 1.

Thomas Wildey

Para el año 1882, el Hno. Astwood, quien fuera cónsul en la

Republica Dominicana, comenzó a organizar una logia dentro de la sociedad 'La Biblia'. De esta nació la Respetable Logia Flor de Ozama en el año 1885. Es en esta época que encontramos a dos emigrantes puertorriqueños, el Hno. José Julián Meléndez y el Hno. Manuel Lebrón, en la Republica Dominicana.

Estos dos puertorriqueños buscaban el mejoramiento personal y encontraron un tesoro para otros puertorriqueños. Fueron iniciados como odfelos, el Hno. Lebrón en la Respetable Logia Industria y el Hno. Meléndez en la Respetable Logia Flor de Ozama (llegando hasta el Patriarcado). Al regresar a Puerto Rico, estos hermanos odfelos trajeron con ellos el odfelismo.

Después de mucha labor y preparativos se organizó un grupo con miras a organizar una logia en Puerto Rico. El 6 de abril de 1909, se llevó acabo la consagración de la primera logia odfélica en Puerto Rico: la Respetable Logia Luz de Borinquén en la ciudad de Ponce. El oficial instalador fue el Hno. José Nibbs McKay y la logia madrina la Respetable Logia Flor de Ozama de la Republica Dominicana.

El Amor y Responsabilidad Fraternal

Por Alejandro Ortiz

A través de los años he participado de varias organizaciones fraternales. Un hilo conector de todas estas organizaciones es el reclamo de ser instituciones fraternales donde el miembro es un hermano y su familia se convierte en la familia de los hermanos de la fraternidad. Más aun, reclaman que si uno hermano cae enfermo lo ayudaran a restablecer su salud. Y en el momento de la muerte cuidarán de su viuda y huérfanos.

La verdad es que en ninguna de las organizaciones fraternales a la que pertenecí en Puerto Rico ha honrado esos preceptos… excepto el odfelismo. En el odfelismo he encontrado que las palabras son puestas en acción. No sólo se habla de visitar a los enfermos, sino que a estos se les visita. Se les da una mano fraternal y en el caso que sea necesario se le ayuda con sus gastos.

Una de las razones de ser del odfelismo es la mutua ayuda. En esa época antigua cuando la muerte del proveedor del sustento familiar representaba la desgracia y posiblemente la muerte de esa familia, los odfelos prestaban una línea de vida a esa viuda y a esos huérfanos.

Ser odfelo es adquirir responsabilidades.

No sólo se es responsable ante la viuda y huérfanos, también se es responsable ante la comunidad y la patria. Pero muy en especial adquieren responsabilidades antes los hermanos odfelos. Mas cuando los hermanos están enfermos y ya no pueden visitar la logia.

En muchas organizaciones se habla de los hermanos y como se tiene que cuidar y visitar en su enfermedad. Pero nunca había presenciado esa teoría en práctica. He tenido el privilegio de presencia que en el odfelismo las enseñanzas de la institución no se quedan en la 'cuatro paredes' o se repiten como el papagayo en una ceremonia.

Una de las realidades de la logias antiguas (y es una realidad de vida) que muchos de sus miembros serán de avanzada edad. Con el tiempo estos hermanos ya no podrán cumplir con su deber odfélico de asistir a sus logia en los días de reunión. En especial cuando el cuerpo material comienza a deteriorase y ya no se puede subir unas escaleras o conducir un auto de noche.

Para mí, las acciones de los hermanos odfélicos de Juana Díaz hacia los Hnos. Pablo, Fidel y Fermín son emblemáticos del odfelismo.

Jorge de Jesús, Justo Pérez, Luis Cintrón, Fidel Santiago y su esposa Reina Cedeño, Juan Medina

Cuando fui iniciado en la fraternidad los hermanos Fidel y Pablo eran pilares activos de la institución (en esta época el hermanos Fermín ya estaba muy anciano para ir a las reuniones). Con el pasar de los años Pablo y Fidel comenzaron a sucumbir a los achaques de la vejez… hasta que dejaron de ir a las reuniones.

Durante años fui testigo de los informes que se daban en las reuniones del estado de salud de los hermanos "enfermos o en desgracias". También fui participé de las visitas que de hacían a los hermanos. En más de una ocasión fuimos durante el día a visitar a Pablo a Fidel o a Fermín.

Hasta en cierta ocasión se sustituyó la reunión regular para ir a visitar a los hermanos. En vez de seguir con la cotidianidad de pagar las utilidades y leer actas y cartas, invertimos el tiempo de reunión en algo más importante… en visitar a los hermanos que no podían venir a la reunión.

Cuando el Hno. Fidel pasó por la gran iniciación. Durante el proceso los hermanos los visitaban, le daban el apoyo moral a su familia y cuando el proceso de completo presencia a los hermanos llorar la perdida y ver cómo viene de todos los rincones del país para darle sus honras fúnebres. He visto como Grandes Maestros de la Orden simplemente son un hermano y hacen la Guardia de Honor.

Jorge de Jesús, Justo Pérez, Juan Medina, Lidia Vives, Olga Benítez esposa (sentada), Pablo Vives, Luis Cintrón

También fui un testigo participante de como la logia visitaba a las viudas y huérfanos de nuestros hermanos.

La experiencia con el Hno. Fidel nos enseñó mucho. Así cuando la condición física del Hno. Pablo empeoró los odfelos se hicieron más presentes en su vida. Culminando con la realización de un homenaje a que resaltaba y honraba su larga trayectoria como odfelo. Donde verdaderamente los hermanos odfelos demostraban su amor y amistad hacia el Hno. Pablo.

Hno. Pablo Vives

Si hay algo que aprendí del odfelismo es que esta institución pone en práctica lo que predica. Se ocupa de sus hermanos en la enfermedad, se ocupan de la viudas y huérfanos de sus hermanos caídos, contribuyen a sus comunidades y dan cristiana sepultura a los que ya no están con nosotros.

Hno. Fidel Santiago y Reina Cedeño

Cuadro 8

¿Por Qué Soy Odfelo?

Autor Desconocido

Soy odfelo, porque necesitaba unirme a un grupo fraternal, donde pudiera encontrar verdaderos hermanos.

Soy odfelo, porque al entrar a esta institución, pude ver que había encontrado un grupo donde existía:

1. El fundamento de todas las instituciones.
2. El principio de todas las organizaciones.
3. El fin de todas las asociaciones.
4. La democracia de todas las constituciones.
5. El espíritu de cooperación de todas las cooperativas.
6. El calor humano de todas las hermandades.
7. La forma de gobierno de las mejores democracias.

Llegué, entré y me quedé.

Donde podré encontrar un grupo donde cabe en su seno hombres, mujeres y niños viviendo una vida de hermanos conscientes del dolor y la alegría y tratando de estar presentes cuando se necesitan.

Soy odfelo, porque al conocer la luz del odfelismo, fui saludado por preceptos de amor, sinceridad, afecto y moral. Entre los preceptos logró resaltar:

1. El que quiera enseñar, debe primero aprender.
2. El que quiera comandar, primero que aprenda a obedecer.
3. No le hagas a nadie lo que no te gusta que te hagan a ti.

Con estas reglas como columnas y fundamento, las palabras amor, amistad y verdad, la Orden Odfélica se ha perdurado por siglos. Tratando de adelantar progresivamente a la humanidad conduciéndola por los senderos de la virtud, sabiduría y la felicidad.

¿Por qué soy odfelo?

Porque aquí me sentí realizado y reconocí que había una razón de vivir, ayudando al prójimo y encaminándolos hacia una feliz realización.

Por esto amigos y hermanos, además de una creencia en un dios todo poderoso, es la razón para gritar a los cuatro vientos…

¡Soy odfelo!

Hno. Juan B. Rosario

Ex Gran Maestro

Considerado Padre del Odfelismo Moderno en Puerto Rico

Viajó a Inglaterra para lograr la independencia jurisdiccional

de la Gran Logia de Puerto Rico

Poetas y Odfelos

Porque soy Odfelo
Por Fermín Rivera

Allá por el año 1943, recién casados, las
brisas de la necesidad, nos acariciaban,
dejando a nuestro paso, huellas, que se
profundizaban, sin compasión, en el blando
sentimiento de mí querida esposa y yo, más
tarde nació una niña, con todo lo que yo sabía,
para ganarme la vida, el pan de cada día,
como piedra de tropiezo en mi camino, la
necesidad formaba una orgía, celebrando de
mi esposa y yo, máximamente por nuestra
hijita.

Tenía un pequeño taller de carpintería, solía
reparar muebles, una mañana se presentó,
como una luz que principiara a alumbrar mí
camino, Don Félix Rivera Cortes.

Fermín acompáñame a la Logia para que

veas unas sillas, me las repare y las pinte, con
su pausado andar le acompañe, entramos a la
Logia, vi las sillas, pero más me interesaba
contemplar los adornos que estaban a mí
alrededor, ¿estas asustado? , ¿yo?, ¿por qué?
me causa curiosidad, porque dicen tantas
cosas que al ver la realidad, me da que pensar.

No me explico, porque donde hay un altar,
que representa la justicia, un altar donde hay
una biblia abierta en los Salmos, puede existir
lo malo.

¿Te gustaría ser de la Logia? Eres un buen
candidato, con mucho gusto.

Ahí, se me abrieron las puertas para mí, como
si hubiera sido un oasis de mi vida, el
candente desierto, cuyas arenas formaban
rocas de necesidad, recibí la ayuda de mis
hermanos: Domingo Santiago, Don Pancho,
Chaguín, todos me dieron la mano, alimentaron
con su sonrisa afable y el pan cotidiano,

la necesidad que imperaba, en mi humilde
hogar.

Soy Odfelo, porque todos somos uno,
porque creemos en un Dios, cuya
omnipotente sabiduría nos inspira
acompañada con la santa Biblia, cuyas
paginas abiertas, nos inspira, la
inagotable fe; que en El tenemos,
porque trabajarnos para servir, sin
celebrar con un falso cacareo el bien
que hacemos, porque no existe la
grandeza que separa los hombres,
porque en el momento de la alegría
todos reímos y en el momento del
dolor, compartimos la pena con la
mirada piadosa de nuestro consuelo al
hermano cuyas mejillas son humedecidas
con las lágrimas de la tristeza.

De niño, mi amado padre me enseñó a
ser bueno y en el Odfelismo perfeccione
mi manera de ser.

Con amor, amistad y verdad.

A mi Logia Luz

Por Fermín Rivera

Yo canto a mi Logia

Un himno de amor

Con mística alegría

Sembrando en su suelo

Semillas de paz,

De luz y de armonía

Y broten las flores

Que adornen el manto

Blanco de tu lumbre

Y brille siempre

Una tenue luz

En tu lejanía.

La Campiña

Por Fermín Rivera

Dedicada a mi madre logia Luz del Meridiano en sus

cincuenta años de ardua labor

Florecida está la campiña
de blancos laureles,
De perfumes y aromas benditos
con rocío de amor,
A su orilla sonríen dichosos
los rojos claveles,
Mirando hacia el cielo
con rasgos humildes
En busca de Dios.

Un manto de verde esperanza
cubre como lienzo,
La dicha infinita de su sacrificio
bendito clamor,
La apacible estancia de su larga espera
que a través del tiempo,
Del bien la semilla
que ella sembrara,
Bella floreció.

Y nacieron lirios
rosas y claveles,

Nardos y azucenas

de blancos matices,

De rojos colores

símbolos de amor,

Y la margarita, sus pétalos blancos

siempre humilde y bella,

La campiña bendice, con una sonrisa

en nombre de Dios…

Hno. Fermín Rivera

Aniversario de Diamante Logia Luz del Meridiano

Por Luis Lamberty Carlo

A través des de los años transcurridos

Núcleo inmenso de hermanos han pasado

Incidentales unos, otros que se han quedado

Viendo la Madre Logia como es que sus hijos

Entienden y practican, lo que se le ha enseñado,

Rectitud, buen ejemplo de sus conciudadanos

Saben reconocerse y hacerse conocer,

Amistad y verdad, con el amor también,

Reflejando en costumbres diáfanas y morales

Indicando en las reglas, las leyes y rituales,

Observando una vida con un buen proceder.

Dicen los que no saben, los que no la conocen,

Esta Orden representa, ¿cómo otra religión?

Decimos con respeto, con verdad y emoción

Iníciense en la Orden y conozcan la Logia

Atiendan y que entiendan, el verdadero Amor

Mientras van conociendo, practiquen lo aprendido,

Atrás dejen el lastre que al Mundo ha corrompido

Nuevo orden en tu vida y una nueva ilusión
Te espera un nuevo rumbo, un nuevo derrotero,
Esperémosle, hermano, para darte calor.

Le pusieron el nombre de Luz del Meridiano
Ondearon su bandera y cimentaron su base
Gran quince de noviembre, jubilo en nuestra clase,
Incesante trabajo, con todo el entusiasmo,
Abnegados hermanos, allá en el año quince.

Legaron a nosotros, lo que ellos comenzaron
Una Orden vigorosa, generosos hermanos
Zarpando del oriente, pasando por el Vice.

De viaje hacia el altar, donde está la verdad
En habiendo pasado por Amor y Amistad,
Llega al Altar Sagrado y ahí se proclamará.

Momento culminante que pasará a la historia
En fecha memorable, al pueblo juanadino
Reciba nuestra Logia y alcance su destino,
Indicando que avanza su magnitud y gloria
Dios, que nos dio el comienzo, nos lleve hacia el final,

Individualmente, el Padre, nos de su bendición

A todos y cada uno, de los que con amor,

Nos hemos encausado, con amor fraternal,

Oremos en la escena, por los que ya no están.

Amistad, Amor y Verdad

Por Luis Lamberty Carlo

Dedicado a la Familia Odfélica de Puerto Rico

Amistad es lo que nosotros damos

Mientras la recibamos de un amigo

Insistimos en dar lo recibido

Somos dos, que recibimos y damos

Todos somos amigos, como hermanos

Amistad que se da y que se recibe

Doble es la dirección en que se vive

Amor se da completo y nada cambio

Manifiesta el amor y nada pide

Oh, amor sacrificado, como vives,

Rindiendo amor, sin ser recompensado

Y el tercer eslabón va descifrado

Viendo cómo florecen los jazmines

Encontramos vivir en otros tiempos

Rememoramos hoy, esos momentos,

Decimos que verdad, no es cosa firme

Admiramos esa filosofía,

Donde amor, amistad, con la verdad, bien se distinguen

Efraín Lamberty Carlo

Por Luis Efraín Lamberty

Originalmente publicado en *Biografía y Poesías de Efraín Lamberty Carlo* (1997)

Nació el 22 de febrero de 1920, en el barrio Cidra de Añasco. Fueron sus padres Don Dimas Lamberty Castillo y Amalia Carlo Hernández. Sus primeros años de infancia fueron en el pueblo de Añasco donde cursó sus estudios de primer a segundo grado en la escuela del barrio *Obeja* y de tercer a sexto grado en la escuela *Farragut* de Mayagüez.

En 1937 se puede vivir con su tío Telesforo Carlo al barrio Ensenada del pueblo de Guánica. Donde estudió y recibió enseñanzas de los Adventistas del Séptimo Día. Además se graduó de octavo grado e hizo un curso comercial. Más tarde en el año 1938 y con 18 años de edad vino a vivir en la colonia Ponceña. En dicha colonia trabajó como listero y para el 1940 trabajó del guardia estatal en el campo *Losey Field* de Juana Díaz.

Conoce a la joven Josefina Irizarry Lugo en el área del Coto Laurel. Donde se enamoran y el 5 de abril de 1941 deciden casarse en la Iglesia Evangélica Unida del pueblo de

Juana Díaz. De este matrimonio procrearon siete hijos, Luis Efraín (Junior), Mirta Enid (Cuca), Rubén, Elba, Elsie, Edna y Norma. Más tarde tiene dos hijos extramatrimoniales llamados Eddie Ramón y Dimas Efraín.

Siguiendo su trayectoria de trabajo en *Losey Field*, en 1945 comienza a trabajar como guardia penal. En ese tiempo tomó los exámenes de cuarto año del Departamento de Instrucción, en los cuales obtuvo muy buenas calificaciones. Asciende a cabo, sargento y luego pasa a trabajar al penal El Limón en Mayagüez, donde asciende a segundo jefe del penal. En 1948 pasa a trabajar a la COLCO por un periodo de un año.

En 1949 funda la Tropa 145 de Niños Escuchas en el Coto Laurel. De la cual fuere su Scout Master hasta el 1954, su asistente lo fue el señor Ramón Luis Zayas. Quien luego se hace cargo de la tropa.

En 1959 lo nombran lo *Postmaster* del Coto Laurel. Labor que realizó por 25 años. Fue presidente de la Asociación de *Postmasters* de Puerto Rico por varios años. Luego siguió trabajando para la Junta de Directores de la NAPUS de Puerto Rico y Estados Unidos.

En cuanto al cooperativismo, se da a la tarea de organizar la Cooperativa de Crédito del Coto Laurel, John F

Kennedy. Cooperativa que estuvo dando frutos por unos 20 años. Fue miembro de la Junta de Directores de la Cooperativa de Salud de Puerto Rico y perteneció también a la Junta de Directores de la Cooperativa de Juana Díaz por unos seis años.

En su afán de superarse, exámenes del gobierno y comienza a trabajar en el departamento de salud como jefe de almacén. Continuó tomando exámenes hasta llegar al Funcionario Ejecutivo del Programa Federal de Distribución de Alimentos. Luego de esto, en el 1982, pasó a formar parte del equipo de trabajo del Hospital de Psiquiatría de Ponce, como Funcionario Ejecutivo y estuvo dirigiendo el Departamento de Servicios Auxiliares y el Departamento de Compras. Su labor fue muy excelente y todos los empleados del hospital lo recuerdan con mucho agradecimiento. Ya que su trayectoria profesional en esa institución fue de mucho agrado y de aprendizaje para todos. Por razón de su edad, en 1995, tuvo que renunciar a su puesto.

Obtuvo un Bachillerato en Administración Comercial de la Pontificia Universidad Católica de Ponce. Tomando clases nocturnas obteniendo un promedio excelente. Siguiendo en el Programa de Distribución de Alimentos es ascendido a jefe de toda la región suroeste de

Puerto Rico.

Fue presidente del barrio Coto Laurel. Bajo su presidencia consiguió las Parcelas Viejas y las del Llanos del Sur. Bajo la incumbencia del alcalde Juan Luis Cintrón, fue Asambleísta Municipal. Durante eses tiempo logra el establecimiento de la biblioteca municipal del Coto Laurel. Relacionado a esto, un movimiento se estableció para lograr que esta lleve su nombre. También, gracias a sus esfuerzos, consiguió el dispensario del Coto Laurel.

Su trayectoria en el organismo comenzó en 1947. Donde se inicia en la Resp. Logia Luz del Meridiano de Juana Díaz. En la cual logra el primer grado y todos los que lo llevo hasta el grado más alto del odfelismo, de Past Mas Venerable Patriarca. Fue el maestro de Distrito Número 41 de Puerto Rico y luego estuvo en la Junta como Gran Director del Comité Administrativo de Puerto Rico.

En el año 1982, con un grupo de hermanos del área suroeste, fundan en el Distrito Número 3 de Puerto Rico. Laboró en el odfelismo por 50 años. Fue el Secretario Permanente de la Respetable Logia Sombras del Laurel del Coto Laurel. Logia que se fundó en 1970 y continuó activa hasta 1980.

Efraín Lamberty Carlo tenía un sueño y era que uno

de los miembros de su familia siguiera sus pasos como Gran
Maestro. Este se logra cuando su hijo mayor Luis E.
Lamberty, fue electo como Gran Maestro de la Gran Logia
del Distrito Número 3 hasta diciembre de 1996. También,
durante este Bienio, Efraín Lamberty Carlo fue electo Gran
Secretario de la misma Gran Logia.

Durante aniversario de diamante de la Resp. Logia
Luz del Meridiano, trabajó con los hermanos de logia, y fue
un éxito. Luego, en el 1995 trabajó en el aniversario de los 80
años de vida odfélica de la logia. En abril de 1996, en
coordinación con la comisión del Distrito Número 3,
organiza el Día de Rut. Durante 1996-1997 sirvió como
Secretario Permanente de la Resp. Logia Luz del Meridiano.
Para esta misma fecha organiza, junto a las comisiones, la
Asamblea del Distrito Número 3. Obteniendo también un
tremendo éxito. Asiste al Día de la Orden en el Cementerio
Civil de Ponce en 1997. Esta fue la última actividad a la cual
asistió.

El 16 de mayo de 1997 a las 7:00am percibe un
colapso, en su casa, donde se encontraba su nieto Luisito
Lamberty y su yerna Elisanta. De inmediato lo llevaron al
hospital San Cristóbal del Coto Laurel, para recibir los
primeros auxilios. Después es trasladado al Hospital Damas,

donde lo operan de la vena carótida. La operación fue un éxito.

Al día siguiente recibe visita de muchos odfelos de toda la isla. Se veía afligido porque no podía hablar. Además, el lado del brazo derecho muerto. Nunca estuvo solo, ya que todos sus hijos y nietos se tomaban turnos en el hospital.

La mañana del 20 de mayo, a eso de las 5:30, llama Luis Félix Lamberty (Baby) diciendo que "papi se había puesto mal". Cuando su hijo Junior llegó al hospital, todo fue inútil, había acabado de fallecer al lado de su yerna.

Con él murió un titán, un gran hombre, el odfelo número uno de Puerto Rico. Lo demás es historia su duelo, los honores póstumos de todos sus hermanos. Le sobreviven hoy su viuda, sus hijos, hermanos, sobrinos, nietos y todos ustedes que fueron sus hermanos del alma. Éste fue Efraín Lamberty Carlo.

Años de vida fructífera para todos nosotros, que lo amamos tanto, aunque haya partido y que lo extrañaremos.

Las Damas del Meridiano

La Cámara de Rut se desarrolla desde la idea del Hno. Patrick Reason. Quien propulsó la idea de hacer partícipes a las mujeres de la institución odfélica. Donde las damas que fueran parte de la Cámara de Rut impartirían las enseñanzas de un 'grado especial' fuera del templo de la logia a los hermanos odfelos. La Cámara toma su nombre del libro del Viejo Testamento que relata la historia de la moabita Rut.

De 1955 a 1990 la Resp. Logia Luz de Meridiano fue anfitriona de la Cámara Hijas del Meridiano

Día de Rut en Juana Díaz (circa 1963)

Día de Rut en Juana Díaz (circa 1963)

Mili Anadón, Sra. de Hernández, Gloria Irizarry

Cuadro 9

En Costa Valdivieso (1975) se encuentra la siguiente referencia:

La Gran Cámara de Rut de Distrito de Puerto Rico fue lenta en su organización. De hecho se fundó en 1919. Ocho años después de haberse fundado la Gran Logia de Distrito en 1911. Para la fecha de su fundación ya había en Puerto Rico unas siete Cámaras establecidas en el sur y norte de la isla.

Emblema de la Cámara de Rut

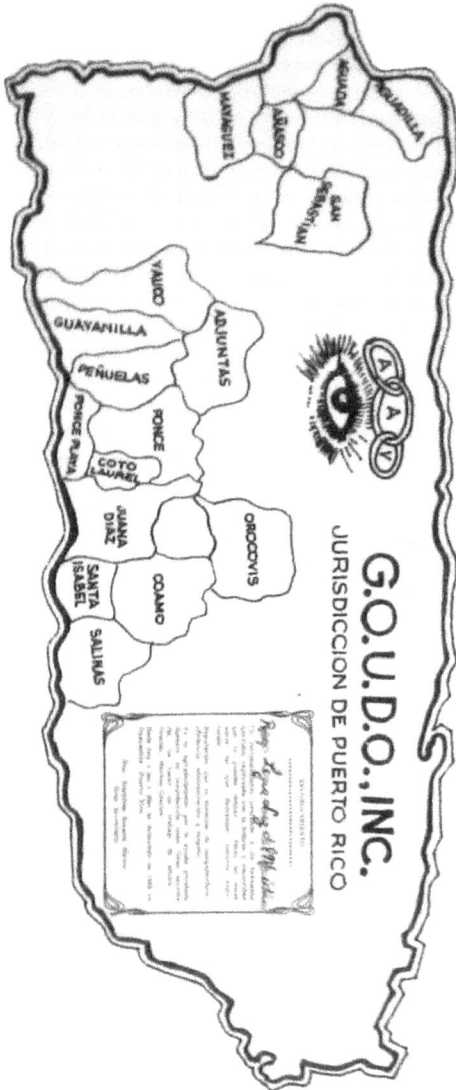

La Rama Juvenil

Encabezando la marcha Nali Martínez

El odfelismo es una empresa familiar. La cual busca integrar en sus filas a todos los miembros de la familia. Para incluir a la progenie de los hermanos odfelos y las hermanas de la Cámara de Rut se estableció la Rama Juvenil, cual busca inculcar la moral en los jóvenes y encaminarlos hacia convertirse en bueno odfelos.

Luz del Meridiano y su Apoyo a la Juventud

Por Josian Torres Rodríguez

[Extracto]

Desde que tuve el honor de ingresar a esta prestigiosa institución, he palpado su solidaridad con las empresas juveniles. El odfelismo está consciente de que los estímulos positivos son indispensables en los primeros años de crecimiento y la adolescencia, para así poder forjar ciudadanos útiles a la sociedad. Desde mayo de 1989, se inició la tradición de brindar Conciertos de Primavera por el Coro de Niños Flotantes y realizar majestuosas exhibiciones que le demuestran a nuestra comunidad, que se puede confiar en el talento y la disposición de la nueva generación.

Contrario a lo que pueden pensar, la Logia es una institución abierta, que respalda los anhelos de la niñez y la juventud. Sus miembros son guías para que los Pimpollos de la Nueva Era de Acuario, puedan explotar en unas motivaciones delirantes, que transformaran al mundo, que actualmente está lleno de tensiones y cicatrices.

.

Cuadro 10

¿Qué son los Odfelos?

Autor Desconocido

El odfelismo es una fraternidad universal, que tiene su hermandad diseminada por el mundo entero y su sede es Inglaterra. Existen logias odfélicas en lugares tan remotos como Australia, en naciones del continente africano, en Asia menor, Europa, en los EE.UU., el Caribe y Puerto Rico. Los odfelos nos dedicamos a hacer el bien, por bien mismo y nuestro lema 'haced a los demás lo que queráis que os hagan'. El odfelismo no es una religión, ni siquiera una secta religiosa. Pero estrechamente relacionada al cristianismo pues nuestras reuniones comienzan con una invocación y un cantico. Estas concluyen de igual forma. En el cetro del templo odfélico siempre hay un atrio donde descansa la Sagrada Biblia.

La logia no dicta a ningún de sus miembros a que religión debe pertenecer; pero se le exige que crea en Dios y a amar a su prójimo como a sí mismo. Según lo enseñó el profeta

Jesús Cristo. El odfelo es libre de pertenecer al partido político de su preferencia. El odfelismo cuenta con hombres y mujeres de todas las razas y etnias del mundo. El odfelo es libre pensador, heraldo de la paz, de cultivar la verdadera amistad, aplicar al amor por la familia, el hogar, su comunidad y las leyes de la nación a que pertenece y sobre todo a caminar con la frente en alto.

Un odfelo es siempre un ciudadano ejemplar que jamás deberá bajar su vista cuando su mirada se tope con la mirada se tope con la mirada de otro hombre honrado.

La logia, por su parte, en la entidad que se dedica a hacer obras de caridad, socorrer a los más necesitados, a colaborar con las demás entidades de su comunidad y así contribuir al bienestar de todos.

Organización de la Gran Orden Unida de Odfelos de Puerto Rico

Por Luis Efraín Lamberty

Gran Orden Unida de Odfelos en Puerto Rico, se compone Logias, Cámaras de Rut, Ramas Juveniles, Patriarcados, Consejos de Maestros, Grandes Logias, Grandes Cámaras, Gran Rama Juvenil, Gran Cámara Superior y Comité Administrativo.

Cuerpo Supremo de la Orden, en lo administrativo, legislativo y judicial, lo es el Comité Administrativo, siendo su más alto foro el Tribunal de Apelaciones. Ejerce función directa sobre la Gran Cámara Superior, Gran Juvenil, el Gran Patriarcado, el Gran Consejo de Maestros, las Grandes Logias de Distrito y las Grandes Cámaras de Rut de Distrito.

Gran Cámara de Rut Superior supervisa y dirige directamente a las Grandes Cámaras de Rut de Distrito y estas, a su vez, son responsables de la dirección y supervisión de las Cámaras bajo su demarcación. Existen tres Distritos y hay una Gran Cámara en cada Distrito. Se identifican como la Gran Cámara 1, 2 y 3.

La Gran Rama Juvenil tiene acción directa sobre las Ramas Juveniles de la jurisdicción, esto es, de los tres distritos, las tres demarcaciones de las tres Grandes Logias.

El Gran Patriarcado supervisa todos los Patriarcados de la jurisdicción. El Gran Consejo de Maestros tiene a su cargo todos los Consejos de la jurisdicción.

Las Grandes Logias de Distrito, así como las Grandes Cámaras de Rut de Distritos tienen a su cargo las Logias y Cámaras respectivamente en su Distrito o demarcación.

Primer Plano: Víctor M. Santiago, Pablo Vives, sin información, Ramón G. Colón Thillet, Elio Feliciano
Segundo plano: Julio Cesar Pérez, sin información, Vicente Vélez, Luis Efraín Lamberty

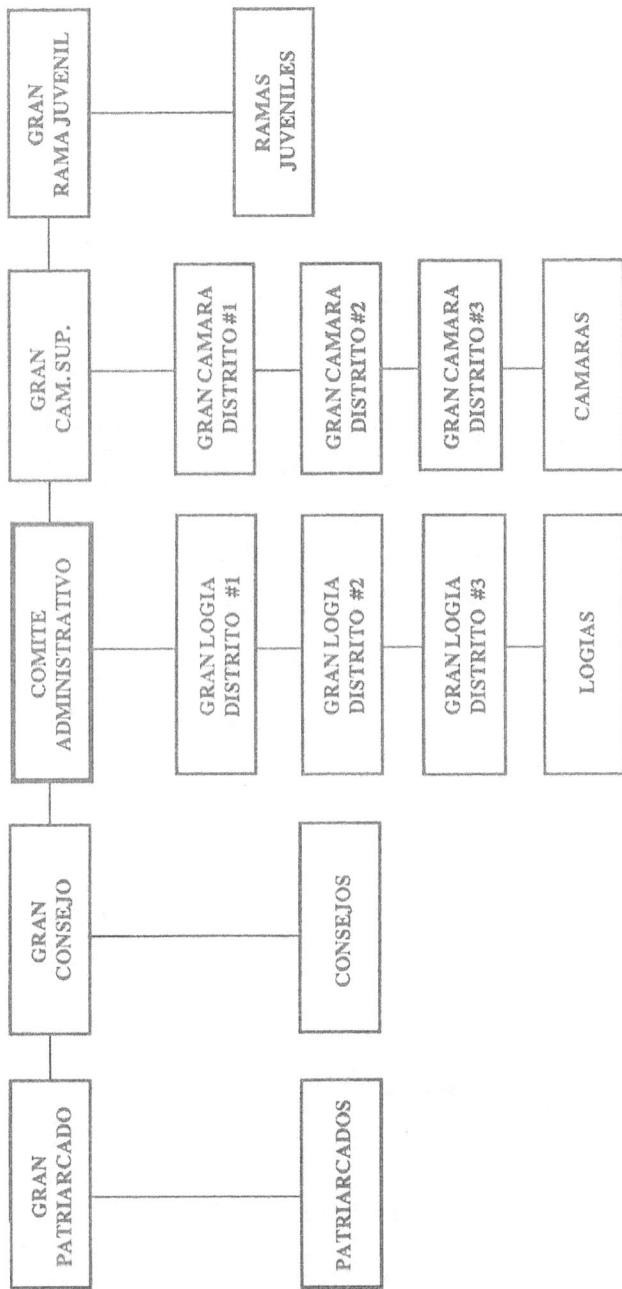

Organigrama:

- GRAN RAMA JUVENIL
  - RAMAS JUVENILES
- GRAN CAM. SUP.
  - GRAN CAMARA DISTRITO #1
  - GRAN CAMARA DISTRITO #2
  - GRAN CAMARA DISTRITO #3
  - CAMARAS
- COMITE ADMINISTRATIVO
  - GRAN LOGIA DISTRITO #1
  - GRAN LOGIA DISTRITO #2
  - GRAN LOGIA DISTRITO #3
  - LOGIAS
- GRAN CONSEJO
  - CONSEJOS
- GRAN PATRIARCADO
  - PATRIARCADOS

Cuadro 11

El Camino Odfélico

Comienza cuando una persona desea ingresar a la logia. Ese profano solita ingreso a la logia se convierte en candidato. Si la investigación no refleja nada negativo en su carácter y el balotaje es favorable es invitado a la iniciarse en la logia.

Una vez que ingresa a la Logia se encuentra con 7 Grados.

1er Grado = Blanco

2do Grado = Rosa

3er Grado = Verde

4to Grado = Azul

5to Grado = Rojo

6to Grado = Dorado

7mo Grado = Negro y Escarlata

Luego se obtiene el título de Past Noble Padre. Para ser oficial de distrito se requiere ser Past Noble Padre.

Una vez se logra el 5to Grado se puede solicitar los Grados de Rut (y si así lo desea podrá ingresar a la Cámara de Rut).

Luego de ser un Past Noble Padre se puede ingresar al Concejo de Maestros para realizar sus grados.

Con la recomendación de la logia y la firma de su Noble Grande se puede solicitar admisión al Patriarcado para realizar sus grados. El titulo más excelso en la Gran Orden Unida de Odfelos es el de Past Mas Venerable Patriarca.

Los Altos Cuerpos se refieren a la oficialidad del Comité Administrativo. Para servir como oficial se tiene que haber obtenido todos los grados de logia, Cámara de Rut, Concejo de Maestro y Patriarcado.

Por José Rafael Rentas, Maestro de Arte en Juana Díaz

Luis Efraín Lamberty

Versión original publicada en el periódico
Laurel Sureño (2012)

[Extracto]

Luis Efraín estudia de primer a noveno grado en la escuela Juan Serralles. De ahí pasa a estudiar a la *Ponce High* de 1957 al 1960 y se gradúa de esa escuela en la misma clase del ex alcalde de Ponce Rafael "Churumba" Cordero. Completa un curso de bibliotecario en la biblioteca Carnegie del Viejo San Juan y se convierte en el primer bibliotecario del Coto Laurel.

Ingresa a la Resp. Logia Luz del Meridiano en julio de 1961 y comienza a ascender en la orden odfélica de Puerto Rico.

Estudia educación en la Universidad Interamericana de 1964 al 1967. De bibliotecario pasa a trabajar al hospital Distrito de Ponce como oficinista, luego en el Departamento de Hacienda en Juana Díaz y de ahí a Inspector de Sanidad en Ponce.

Durante los primeros 10 años en la Resp. Logia Luz del Meridiano asciende del primer al séptimo grado. El odfelismo es una institución sin fines de lucro y para ingresar el candidato debe ser mayor de 18 años, ser buen hijo, buen padre (si lo es), tener una religión y dedicarse a ayudar al prójimo; y hacer buenas obras, ayudar a viudas y huérfanos y ser ejemplo en su comunidad. No es una religión y si una fraternidad de hombres serios, honrados y laboriosos.

En 1965 Luis Efraín toma un curso de fotografía y se hace fotógrafo profesional. Labor que ha ejecutado a la perfección por 46 años. Cumpliendo todas sus actividades de bodas, quinceañeros y cívicas. Se ha desempeñado como fotógrafo en Puerto Rico, Miami, Nueva York, Nueva Jersey, Idaho, Boston y Orlando. Ha hecho más de 50 actividades de fotografía en República Dominicana y Panamá.

En la logia continúa sus estudios odfélicos logrando los grados de Maestro, Past Mas Venerable Maestro, y el grado más alto en las logias, Patriarca de la Orden (y eventualmente el de Past Mas Venerable Patriarca). Grados que requieren estudiar mucha filosofía.

Tiene que mudarse a República Dominicana para un trabajo de gerente de Zona Franca en San Pedro de Macorís. Exportando productos de miel de abeja y dulces hacia Puerto

Rico. Trabajo que lo aleja de Puerto Rico por 10 años. Sigue visitando logias en República Dominicana. Además viajaba mensualmente de Republica Dominicana a Puerto Rico para asistir a su logia en Juana Díaz y Coto Laurel (que tenía una logia llamada Sombras del Laurel dirigida por su padre, Efraín Lamberty Carlo) y visitar a sus hijos y familiares.

En 1983 regresa a Puerto Rico para trabajar con el gobierno como Oficinista 1, ascendiendo hasta Oficinista 3. Trabaja en Facturación y Cobro del Centro de Diagnóstico y Tratamiento de Salinas, luego regresa al Hospital Distrito como Supervisor de Transportación (hasta el 1997 que se venden ese hospital al Hospital San Lucas).

En 1991 ocupa en la Orden Odfélica el puesto de Gran Director del Comité Administrativo de Puerto Rico, luego es Gran Auditor de la Orden, hasta que llega a ganar la votación para ser el Gran Maestro del Distrito Número 3 de las logias del sur-oeste de Puerto Rico. Cargo que ocupó por 2 años. Luego pasa al Consejo de Miembros *Ad Vitam* de las logias. Puesto que se logra si ha sido elegido Gran Maestro de la Orden Odfélica.

Continúa siendo miembro de la Resp. Logia Luz del Meridiano donde actualmente es du presidente. Además de ser el presidente del Consejo de Miembros *Ad Vitam* y de las

Más Nobles Gobernadoras de Odfelos. En julio 21 cumple 50 años de labor ininterrumpía como odfelos en Puerto Rico. Donde recibirá un homenaje de su logia y de sus hermanos de la Orden Odfélica de Puerto Rico. Donde se le presentara la Orden al Mérito por sus 50 años en la Gran Orden Unida de Odfelos.

Hno. Luis Efraín Lamberty (1995)

Cuadro 12

Los *oddfellows* son una organización que se dedica a brindarle apoyo y servicios a sus miembros en la actualidad. Inicialmente surgieron como algo parecido a los gremios o las hermandades que organizaban aquellos oficios que eran escasos en una comunidad o poblado, cosa que impedía que por sí solos pudiesen formar un gremio. Esto hizo que gentes que practicaban diferentes oficios se unieran en un mismo gremio. A estas organizaciones se les llamó *Oddfellows Lodges*. La logia de *Oddfellows* más antigua de que se tiene registro data de 1730. Esta logia se llamaba *Loyal Aristarcus Lodge*, localizada en Londres. El objetivo principal de esta organización era el brindar apoyo laboral, social y económico a sus miembros.

Este tipo de organización ha sido comparada con las logias masonas. Se dice que de la misma forma en que las logias masonas organizaban y apoyaban a una membresía perteneciente a estratos elevados de la sociedad, las logias *Oddfellows* se crearon como un reflejo de estas, como una reacción de los estratos inferiores de la sociedad para apoyarse mutuamente ante la falta de organismos sociales que asistieron a los más desvalidos ante la pérdida de empleo, el hambre o las enfermedades.

Elsa Planell Larrinaga, *Masonería Inglesa: Siglos XVII y XVIII*, en Minervas Edición 10 Año, octubre 2015

Galería Odfélica

Una Historia Ilustrada 1915-2015

Día de Rut en Juana Díaz. Mirando a la cámara Pancho
Martínez

Luis Hernández, Justino Rosado, Heriberto Martínez

Antonín Castillo, Felipe Cintrón, Juan Torres Dávila, sin información, Chaguín Martínez, Noble Grande Dámaso, J.J. Maunez, Feliz Rivera Cortez, Víctor Toledo, Gaspar Febu, Cristino Burgos, Vicente Martínez, Reverendo Vilar, Fermín Rivera, Mario Deché. Visita de los Oficiales de la Gran Logia, circa 1950

Primer, plano: Caraballo, Charlie Rivero, Sánchez, Caraballo
hijo, Justo Luis Pérez
Segundo Plano: Luis Dessus, Frank Vázquez, Ramón G.
Colón Thillet, Rudy López, Heriberto Martínez, Efraín
Lamberty, circa 1950

Justo Luis Pérez, Hno. Sánchez, Charlie Rivero

Giro Collazo, Valdivieso, Jaime Collazo, Noel Rivera, Tele Gastón, Hno. Guzmán, Ramón Santiago, Orlando Rivera., Charlie Cintrón, Efraín Lamberty, Brandi. Primera plana del edificio de la logia, circa 1960

Ramón Colón Thillet, Rudy López, Efraín Lamberty, circa 1980

Luis Dessus, Caraballo hijo, Sánchez, circa 1980

Actividad durante el 75to Aniversario

Andrés Díaz, Chaguin Martínez, Fermín Rivera, circa 1940

Miembro honorario Cefo Conde y Rvdo. Morales

Hermanos con más de 25 años de vida odfélica. Foto tomada durante la celebración del 75to Aniversario
Sentados: Cristino Burgos, Juan Rodríguez, Marcelino Bayanillas, Heriberto Martínez
De Pie: Fidel Santiago, sin información, Luis A. Hernández, Leopoldo Vega, Ramón Colón Negrón, Fermín Rivera, Cefo Conde, Juan Texidor, Luis E. Lamberty

Resp. Logia Luz del Meridiano, circa 1987

Matrícula durante el 75to Aniversario

Matricula durante el 75to Aniversario

Matrícula, circa 1950

Hno. Ramón Colón

Sin información

Ramón Colón, Luis Cintrón y Samuel Cintrón

2010

Hno. Juan Medina, durante la XXI Bienal en la Republica Dominicana

Parte de la delegación de Puerto Rico a la XXI Bienal en la Republica Dominicana

2010

Con miembros de la Resp. Logia Luz de Oriente, Yauco

Homenaje al Hno. Luis E. Lamberty, 2012

Homenaje al Hno. Luis E. Lamberty, 2012

2012

Visita al Hno. Fermín Rivera, 2004

Sin información, Alfonso Torres, Alejandro Reyes, 2014

2014

Circa 1980

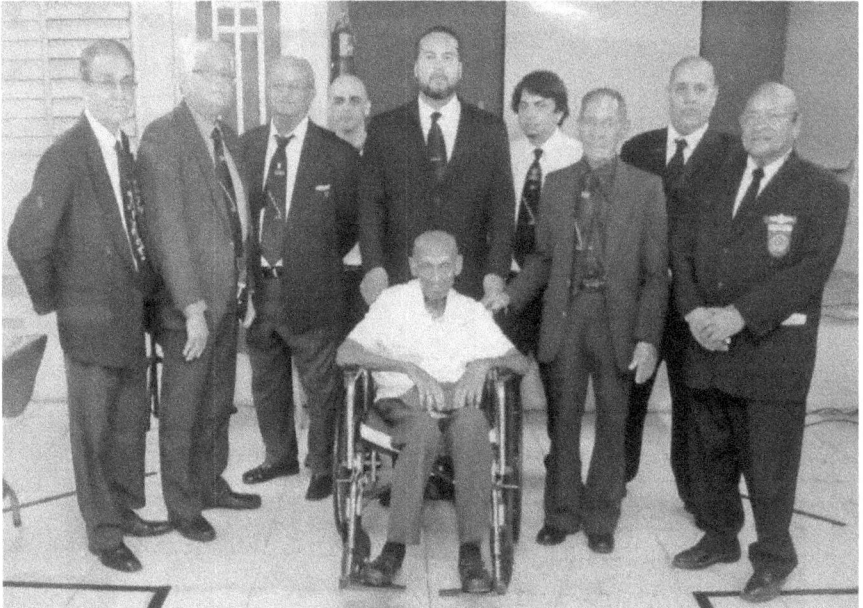

Homenaje al Hno. Pablo Vives, 2014

Portada del Anuario del 75to Aniversario

ESTADO LIBRE ASOCIADO DE PUERTO RICO
POLICÍA DE PUERTO RICO

Certificado de Reconocimiento

a

Hon. Logia Luz Del Meridiano

Por su dedicación, entusiasmo y alto sentido del deber en el desempeño de sus funciones. Sus ejecutorias han contribuido significativamente a la consecución de las metas de nuestra Organización.

Dado en **Juana Díaz**, *Puerto Rico el 27 de marzo de 1981.*

Antonio J. Sánchez 7960
OFICIAL JUVENIL

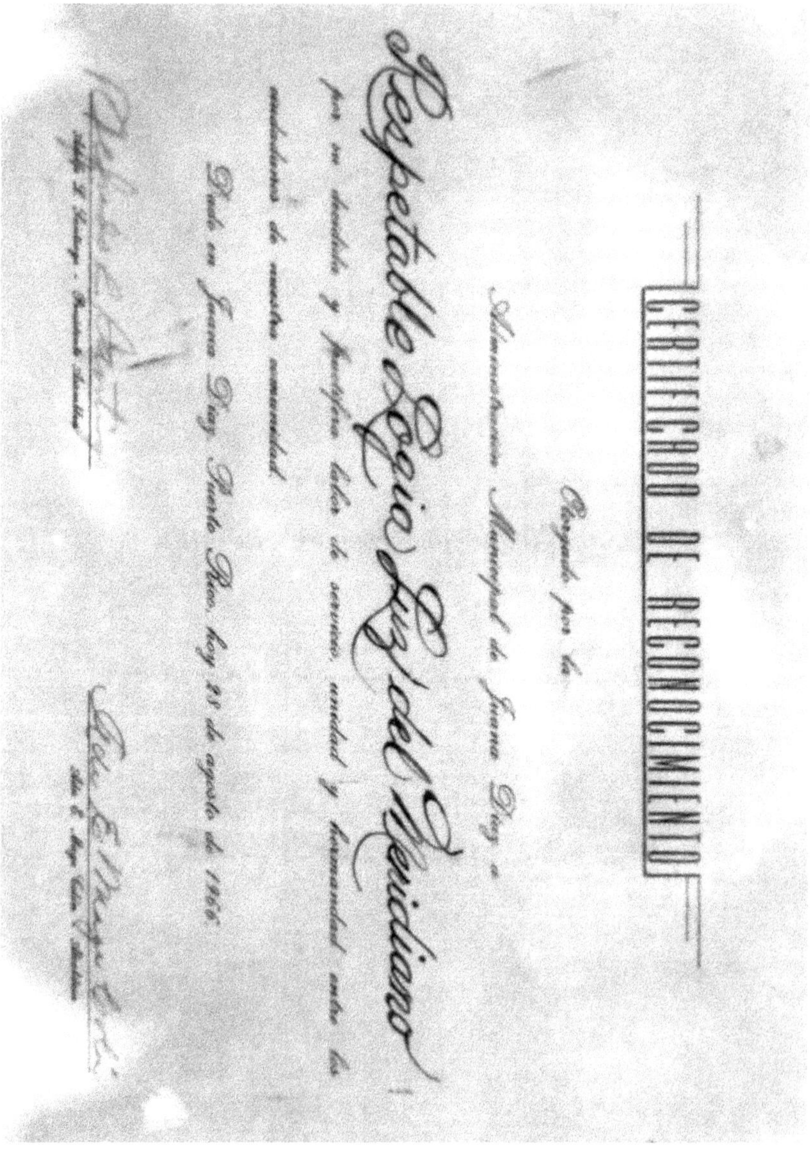

CERTIFICADO DE RECONOCIMIENTO

Otorgado por la

Administración Municipal de Juana Díaz a

Respetable Logia Luz del Meridiano

por su constante y beneficiosa labor de servicio, unidad y humanismo ante la comunidad de nuestra comunidad.

Dado en Juana Díaz, Puerto Rico, hoy 25 de agosto de 1955.

A∴ A∴ V∴
G∴ O∴ U∴ DE O∴ F∴ EN A∴

Gran Logia de Distrito No. 41

Territorio de Puerto Rico.

POR CUANTO- La Resp. Logia Luz del Meridiano No. 41 de la
GRAN ORDEN UNIDA DE ODDFELLOWS EN AMERICA,
Jurisdicción de Puerto Rico, se distinguió notablemente en la
campaña de socios iniciada durante el año 19... por ser, el
Gran Maestro de la Gran Logia de Distrito No. 41, siendo la
Logia que mayor número de socios nuevos aportó durante el año,
se ha fecha acreedora a este

Diploma De Honor

POR TANTO- Nosotros, el Gran Maestro y el Gran Secretario de la Gran Logia
de Distrito No. 41, expedimos el presente en la Gran Logia a
de ..... de 19...

ANTE MI

GRAN SECRETARIO

GRAN MAESTRO

Sabía Usted...

Por Justo Luis Pérez Morell

- La Reina Isabel, hija del rey Enrique VIII, fue la que inició a través de la ley del Parlamento inglés el fomento y ayuda de las sociedades fraternales aprobada en el 1793 y en la organización y establecimiento de la orden tuvo un efecto en el año 1798.

- Que las logias venían trabajando ilegalmente y que en el periodo de cinco años las dos grandes logias existentes en Londres y Sheffield se propusieron preparar una asamblea general de organización.

- Que las logias se reunían clandestinamente en los llamados "inns" que sólo eran lo que conocemos como hoy como "fondas" donde además de servir comidas se negaba alojamiento. Los miembros eran personas que trabajaban en las minas, las industrias y en la marina.

- Que se conoció a la Reina Isabel I como la ejemplar virgen. Pues nunca se casó y trabajó para la gente común. Espacio protegió y reconoció a las organizaciones fraternales como los odfelo los y los masones. Fue una mujer de carácter firme y postulan regia como su padre.

- Que mediante su reinado creció tanto en Inglaterra como en las posiciones de ultramar la orden odfélica. Entre esas posesiones estaba a Australia e islas menores cerca de Puerto Rico.

- Que los conocidos "gremios" eran grupos fraternales de obreros y artesanos que surgieron a decirlo 17 y la primera mitad del siglo XVIII. Eran gremios bien ricos. La mayoría eran órdenes fraternales y que tenían un especial cuidado por las viudas y los huérfanos de sus miembros.

- Que tanto los masones como los odfelo usamos regalías, collarines, y joyas típicas de cada fraternidad.

- Estos "gremios" de los cuales había muchísimos en Inglaterra surgió la orden fraternal de otros suelos los cuales tenían rigurosas leyes de disciplina. Espacio como ejemplo: castigo al que insultaba a otro hermano por castigo corporal, prohibir el uso de armas, etc.

- Que sólo se le daba ayuda al enfermo, se pagaba el entierro de los hermanos pobres, a los hermanos acusados injustamente ayuda económica a viudas y huérfanos. Como vivían estas ayudas en gran parte rigen hoy día en las leyes generales de la orden odfélica en Puerto Rico.

- Que para el año 1819 había una orden en América y que fueron los siguientes: la 225 – *Conquering Hero, Bingley*, No. 1 *Washington Union… Philadelphia USA*, 226 *Saint James Lodge – Silsdem.*

- Que la logia *Washington Union* Número 1 abierta en Baltimore por un ciudadano inglés, naturalizado y ciudadano americano y que instituida a trabajar por la *Union Orden* nombre que a menudo se aplicaba a la Gran Orden Unida.

- Que la orden puso su planta con la apertura de la logia *Philomathcan* Número 46 en Nueva York. El uno de marzo de 1843. Que hombres mayormente de color componían gran parte de su matrícula.

- Que la creación del primer Comité Administrativo de la orden fue fundado en septiembre de 1827. Que estableció el sistema de asambleas anuales y la primera fue en junio de 1838 y en 1854 se cambió la celebración a asambleas bienales que comenzaron a celebrarse en años pares.

- Que esas asambleas bienales fueron infructuosas y en el año 1885 se aprobó una resolución que autorizaba retornar las asambleas anuales.

- Que para el 1895 la Orden cerró con una matrícula de 954 logias con 79,786 miembros que eran 63 miembros por logia. Las logias con 83 miembros, las eran 361 con un total de 54,257 miembros.

- Que la situación racial en Inglaterra trajo nuevos problemas con las logias cuyos miembros eran de la raza blanca. Peter Ogden era un hombre de color que a pcsar que tuvo varias situaciones embarazosas era un freno inglés que asumió varios puestos de prestigio, aunque era un marinero que trabajaban en los puertos marítimos de Inglaterra.

- La situación racial en Inglaterra era muy fuerte contra las personas de color como Ogden. Se declara por el Comité Administrativo indicando que "la orden debe ser una universal por todo el globo habitable".

- Que tanto en América como en Inglaterra la situación racial era muy exagerada haber tantas logias de blancos que trataban de impedir el ingreso de logias cuyos miembros eran de la raza negra.

- Es un Comité Administrativo de Puerto Rico y jurisdicción fue aprobado en la 34ta Conferencia Bienal Movible de la Gran Orden Unida de Odfelos en América celebrada en Búfalo Nueva York en agosto de 1958.

- Él fue el Hno. Rosario de la logia Caballeros de la Fe de Rio Piedras fue nombrado el primer Gran Maestro del Comité Administrativo de Puerto Rico y que fue el mismo Gran Maestro del Consejo Supremo en su segunda etapa que se llamó gestiones como la actividad mejor documentada.

- El Hno. Rosario, como Gran Maestro del Consejo Supremo de Puerto Rico logró con sus continuas gestiones ante el Comité Administrativo de Inglaterra que la Gran Orden Unida de Puerto Rico fuese reconocida como un organismo que reunían todas las reglas y rangos constitucionales para funcionar con autoridad independiente en América.

- Que la Gran Orden Unidad de Odfelos fue establecida en Puerto Rico el día 6 de abril de 1909. Vino de

Santo Domingo donde a su vez fue traída de los Estados Unidos. Que por esa fecha se habían organizado todos los Altos Cuerpos Oficiales y Cuerpos Ejecutivos con 42 logias regulares, 34 Cámaras de Rut, 16 Consejos de Past Noble Padre, 11 Patriarcados, y Ramas Juveniles.

Emblema del Patriarcado

De los Hermanos de Luz del Meridiano

Anécdotas en broma y en serio

Por Justo Luis Pérez Morell

- En las décadas de 1950 y 1960 la iglesia católica desarrolló una campaña contra los miembros tildados de paganos e hijos de Satanás.

- Los líderes religiosos de esa época les prohibieron a los hermanos participar con sus regalías puestas en las ceremonias de bautismo de algún hijo, de vecino o de otra familia.

- Sus líderes religiosos rehuyeron establecer un diálogo serio sobre qué es el odfelismo y su libertad religiosa de sus miembros.

- La nueva filosofía del liberalismo que implantó el Papa Juan XXIII obligó a las iglesias a cambiar sus actitudes y la estructura funcional de todas las iglesias católicas del mundo.

- El cambio impuesto por la figura más respetada y reconocida como lo es el Papa, ubicado en su sede en Roma, causó que se reconociera a los integrantes de la Resp. Logia Luz del Meridiano como ciudadanos íntegros con la verdad y sumamente cristianos sin una ideología religiosa impuesta a los hermanos.

- Los párrocos de las iglesias católicas y evangélicas abrieron sus puertas al diálogo causando una gran euforia entre varias membresías y todos los ciudadanos que comprendieron que esa persecución era perjudicial a la sana armonía de las instituciones cívicas como las logias odfélicas.

- Los miembros de la logia organizaron y desarrollaron diversos homenajes en su centro recreativo culminando los mismos con la presencia personal del párroco español y el reverendo de la Iglesia evangélica.

- La logia y sus miembros fueron asistentes regulares a sus servicios y pudieron identificarse con sus joyas y regalías en todas las ceremonias y eventos religiosos que son comunes en sus respectivas ideas y filosofías que imparten a sus asistentes.

- Parte de los obsequios y o regalos consistieron en cubrir los costos aéreos para visitar a sus familias allá en el exterior y otros con destinos locales.

- La mutua comprensión que antes fue forzada a una lo fundamental la razón, logró que se mejoraran las actitudes y volvieran sus aguas a su nivel.

- Continúa la logia con su centro Recreativo Odfélico sirviéndome a todas las iglesias instituciones cívicas sin fines de lucro, utilizar y conocer a través de sus miembros de que somos muy cristianos y caminamos siempre con la verdad y con pureza del corazón.

- El homenaje rendido Ceferino Conde y Faria cuando fue exaltado al salón de la fama del deporte puertorriqueño al aceptar el acto en la logia exclamó "ahora sí que llegué a primera base" cuando esta logia le reconoce como miembro honorario.

- Continuaron los reconocimientos a ciudadanos deportistas como lo fueron Raúl Torres, ingeniero y atleta de pista y campo, a Radamés Torres, el eterno apoderado de la novena doble A y a Víctor Santiago hermano que fue un gran líder de equipos juveniles.

- Al completarse de construir el techo del patio para celebrar los bingos, iniciados por el hermano Willie Thillet, ésos terminaban con refrigerios fríos y calientes y con una buena comida.

- Las anécdotas de lo ocurrido en la ceremonia de ingreso era el tema obligado entre los hermanos que "trabajaban" en el nuevo techo.

- El bingo de todos los viernes en la noche promovieron muchos "enamoramientos" entre parejas de la comunidad que frecuentaba a esta actividad patrocinada por la logia y que resultaron en bodas y celebraciones.

- Aquellos que se "escapaban" para tener un "viernes social". A algunos les causó "enojos" y "peleas gratuitas" entre las parejas que venía a jugar.

Hno. Jorge de Jesús

Desde una Aldea Hasta la Titularidad de Pueblo
Por Justo Luis Pérez Morell

En el año 1582 cuando a días se reconocía como una aldea hasta por disposición del obispo Juan Bautista Zengotita adquirirá el título como pueblo. Esta decisión ocurre el 25 de abril de 1798. Para el año 2015, fecha memorable del aniversario de la Resp. Logia Luz del Meridiano que fue fundada el 15 de noviembre de 1915, logrando mantenerse "pura y sin mancha" ha demostrado su filosofía de unión fraternal a todos los niveles de la comunidad juanadina. Hombres y mujeres de reconocida aportación a la cultura, a las tradiciones y costumbres han pasado por este lugar de padres y de solidaridad.

Es justo y mandatorio que les mencionemos por sus nombres, a los que han luchado por la presencia de la Resp. Logia Luz del Meridiano en todas las etapas de la vida cultural de esta ciudad. Como ayer en sus respectivos años del nacimiento nos categorizar los en la época cuenta más que fueron gran parte de esta institución fraternal. Aunque han pasado por nuestros salones de reunión y de compromisos odfélicos, cientos de hermanos odfelos, es seleccionado a un grupo que las diferentes etapas de la vida se convirtieron en unos ciudadanos distinguidos y queridos.

Hno. Cristino Burgos

La etapa de reconstrucción y expansión urbana 1798 – 1894

Hno. Cristino Burgos 1905

Hno. Raúl Rivera 1908

Hno. Heriberto Martínez 1909

Hno. Ramón Colón Negrón 1911

Hno. Luis A Hernández 1911

Hno. Marcelino Bayanillas 1912

Hno. Ángel L. Martínez Dessus 1912

Hno. Charlie Rivera

La etapa de la primera Guerra Mundial 1910 – 1914

Hno. Fermín Rivera 1913

Hno. Justino Rosado 1914

Hno. Leopoldo Vega Martínez 1914

Hno. Víctor Casiano Cruz 1916

Hno. Félix Cruz González 1920

Hno. Efraín Lamberty Carlo 1920

Hno. Carlos J Rivera Pacheco 1921

Hno. Justo Luis Pérez Morell 1921

Hno. Juan R. Martínez Collazo en 1922

Hno. Carlos Colón Torres 1924

Hno. Carlos Camacho 1927

Hno. Modesto Casiano Cruz 1927

Hno. Juan R. Texidor Acosta 1927

Hno. Tomás Rodríguez García 1928

Hno. Fidel Santiago 1928

Hno. Pablo Vives 1928

Hno. Víctor M. Santiago 1930

Hno. Armando Collazo Santana 1932

Hno. Estanislan Rosario 1932

Hno. Javier Meléndez 1933

La etapa de la segunda Guerra Mundial 1939 - 1945

Hno. Carlos M. Santiago Burgos 1941

Hno. Luis E. Lamberty Irizarry 1942

Hno. Jesús Molina 1944

Hno. Julio A. Pérez Cruz 1946

Hno. Juan Medina Santiago 1947

Hno. Ramón G. Colón Thillet 1947

Hno. Acasín Martínez Dessus 1950

Hno. Luis A. Santiago Vázquez 1956

Hno. Juan R. Galarza Dávila 1959

Hno. José A. Torres 1959

Hno. Luis A. Lambert y Rodríguez 1963

Hno. Modesto Casiano

Cada miembro que pasó por los umbrales de esta logia fueron actores en una de las épocas y etapas que afectaron la economía industrial, agrícola, artesanal y las plantaciones del café y del tabaco. Fueron años de arduo trabajo para la creación de un movimiento económico, social y cultural en la medida que evolucionaba la vida y el compromiso ciudadano.

Desde la primera guerra mundial que se caracterizó por la pobreza y la escasez de oportunidades de trabajo y de vivienda, los hermanos fueron actores de esas limitaciones.

Hombres de gran solvencia moral entraron al servicio público para afrontar con sus ideas y proyectos salir de esa situación empobrecida por la escasez de progreso. El modelo económico de "manos a la obra" que se originó después de la depresión mundial y el confrontamiento a una guerra contra las dictaduras, dio margen para iniciar un proceso amplio durante la Segunda Guerra Mundial.

Fueron momentos de gran excitación y de ambición de mejorar nuestros estilos de vida que padecíamos pues aumentaron las oportunidades de empleo y la educación. Se expandieron por todo el terruño fuentes de trabajo para los hombres y mujeres la generación de esa etapa de la posguerra creció y se convirtió en una fuerza dinámica y visionaria que rompió con los niveles de riqueza cuando surgía una clase media educada profesionalmente intelectual y artesanal de gran prestigio.

Esta nueva generación de jóvenes que afrontaron los rigores de la guerra y de los conflictos se agruparon en instituciones cívicas como la Resp. Logia Luz del Meridiano. Hoy son protagonistas del acelerado urbanismo y del crecimiento de colegios y universidades. La energía y la experiencia, sigue latente en nuestros hermanos que hoy reconocemos como pilares de la hermandad odfélica.

Como integrantes de esta ciudad, aportaron con sus respectivos talentos y capacidades a lograr armonía y cooperación de todos. La Resp. Logia Luz del Meridiano se complace en haber aportado a vuestra personalidad de hombres y mujeres entregados a estas causas que tienen como aspiración legítima unir nuestros brazos fraternales y de ambición por la paz y la concordia en la ciudad juanadina.

La celebración de los 100 años de haberse establecido, les expresan su amor fraternal de regreso al lugar que los recibió "puros y sin mancha". Los que hoy han pasado a la nación celestial reciben nuestras oraciones y el apoyo a las familias que aún están con nosotros. Estamos comprometidos con el bienestar de todos identificados con los que "están atentos" a la filosofía de la gran orden unidad de frenos que nació en el siglo XVII en Inglaterra y llegó hasta nuestro terruño en el 1909. A todo él les ofrecemos nuestros bienes morales y espirituales.

También se deben nombrar a:

Hno. Benjamín Velázquez Zayas

Hno. Héctor Torruellas Ríos

Hno. José A Torres Colón

Hno. Armando Sosa

Hno. Luis A Santiago Vázquez

Hno. Carlos M. Santiago Burgos

Hno. Jorge L. Sánchez

Hno. Tumas Rodríguez Rodríguez

Hno. Fernando Rodríguez García

Hno. Carlos J. Rivero

Hno. Julio Cesar Pérez Cruz

Hno. Félix Cruz González

Hno. José R. Aponte

Hno. Jorge de Jesús Ortiz

Hno. Heriberto Martínez

Nuestros Vecinos

Por Justo Luis Pérez Morell

Para fines del siglo XIX el área urbana iba convirtiéndose en el anhelado pueblo, el cual tenía como punto central la iglesia católica y su amplia plaza, que desde su origen fue bautizada con el nombre de un gran ilustre puertorriqueño don Ramón Baldorioty de Castro. Las cuatro calles principales que bordeaban a la Iglesia comenzaban en la parte este y se extendían hacia el oeste. Éstas se entrelazaban con las que salían desde el norte a la salida del pintoresco pueblo de Villalba hasta el sur del pueblo, que para ese entonces estaba desierto.

Las calles que deseamos mencionar son la calle De Las Piedras, hoy mejor conocida como Doctor Veve. La calle Comercio que era una sección de la antigua Carretera Central que empezaba en Ponce y se extendían por los pueblos desde Juana Díaz hasta la capital. La calle Degetau al lado norte de la plaza. La calle Mario Braschi donde reside la Resp. Logia Luz del Meridiano. Era costumbre honrar a los que forjaron nuestra patria perpetuando sus memorias en este inicio de la reconstrucción urbana.

Los residentes en las referidas calles fueron los primeros contribuyentes a la cultura, la industria y la economía. La calle Federico Degetau, contigua a la Iglesia Católica, vivieron los primeros farmacéuticos y agricultores. Además de los frecuentes asistentes a la Iglesia Católica. Los familiares cuyos miembros eran principalmente artesanos y obreros agrícolas ocupaban el lado sur en la calle Doctor Veve que por su empedrada era para todos la calle De Las Piedras. Detrás de la actual Casa Alcaldía nos topamos hoy con la calle Mario Braschi en la cual recibe por todo un siglo de existencia nuestra logia.

Nuestros vecinos en esta antigua calle componían la clase de un mejor nivel social y económico. Las familias que aquí residían eran los maestros de las dos escuelas elementales urbanas, los empresarios y administradores del comercio, los del orden público y la seguridad y los que con sus vehículos privados ofrecían sus servicios a los que carecían de un medio para llegar a sus respectivos lugares de trabajo. Todas estas familias de la calle Mario Braschi, fueron celosos guardianes de que nuestro edificio colonial construido en rojos ladrillos, escogidas piedras y la cal que complementaban su construcción.

Frecuente observar cómo estas familias se veían en sus amplios balcones para que en sus amables pláticas, solían compartir sus experiencias del cotidiano vivir y de sus labores. Todos admiraban el caballeroso gesto y peculiar comportamiento de los que asistían a sus obligaciones semanales en nuestra logia. Para ellos era de gran estimación y de respeto de orgullosos caballeros infieles anteriormente trajeados de vestidos negros y sus blancos sombreros de paja. Hombres de la gran valía pues fueron los que en el desempeño de sus preocupaciones cívicas, culturales, económicas, cristianas y proveedores de lograr contribuyeron a desarrollar nuestra personalidad como pueblo amante de sus costumbres y las tradiciones.

Nuestros vecinos levantaron y educaron a sus hijos tanto en las escuelas públicas, las escuelas privadas de la ciudad de Ponce. Fue una nueva generación que creció en los alrededores de la logia que ellos también la conocen. Al igual que sus progenitores, mostraron siempre un gran afecto y cariño para los otros. Todos estos jóvenes, favorecidos por la satisfactoria condición económica que iba mejorando fueron ingresando a las universidades y colegios obteniendo grados académicos. La condición social y cultural superó a las que tuvieron sus antecesores. Ya eran unos profesionales que se distinguieron unos como militares, abogados, enfermeras, doctores, contadores públicos, dentistas y empresarios.

Sus antiguas viviendas se convirtieron en preciosas estructuras. Aunque aún algunas han resistido a los años transcurridos, permanecen como testigos de aquella era romántica de sus dueños. Nuestros vecinos que hoy comparten con todos los miembros de nuestra institución, conscientes de nuestro deber como odfelos, que se identifican con las responsabilidades del ciudadano que amar al prójimo, se han convertido todos en fieles guardianes de nuestra propiedad. A los asistentes la felicidad de llegar a los 100 años de vida siendo la única que ha sobrevivido al cambio que trae el progreso a nuestra ciudad.

Sello de la Gran Orden Unida del Odfelos

.

Oración de Clausura

Concédenos Señor
tú divina bendición.
Para que podamos actuar
bajo tu santa inspiración.

Bendice a nuestra logia,
y bendice a nuestros Hermanos,
y bríndanos el grato placer.
De ser sencillos y bondadosos.
Como todo buen odfelo.

Todo te lo pedimos
en Tu nombre y por Tu amor.
Amen.
Oración de Clausura

Señor, que tan bondadoso
nos has dejado trabajar.
Te queremos ofrendar
de nuestro corazón

todo el gozo.

Gracias Señor, por permitirnos
celebrar esta ceremonia.
Queremos ser siempre dignos
de tu gran misericordia.

Guíanos a nuestros hogares
sanos, salvos y sin temores.
Derrama Señor sobre nosotros
tus divinas bendiciones.

Que tu amor y bondad
siempre podamos alcanzar.
Para que con fortaleza
tu amor divino
podamos disfrutar.
Y que en tu nombre bendito
nos podamos retirar.

Gracias Señor por todo lo que nos has brindado

¡Amen!

Agradecimientos

Expresamos nuestro agradecimiento a todos los hermanos de la Resp. Logia Luz del Meridiano, y del odfelismo puertorriqueño, que contribuyeron a la publicación de este libro. Todos ellos, inspirados por las sabias enseñanzas, que en su recorrido tuvieras sanas experiencias en sus vivencias odfélicas, pudieran deleitarnos con sus aportaciones literarias presentadas en este libro en el año del centenario de la Resp. Logia Luz del Meridiano.

Agradecemos los consejos de varios ciudadanos que nos motivaron y contribuyeron, como mi querida esposa Amada Muñoz, para convertir este proyecto en una realidad. Que se convierta esta obra en un valioso vehículo para todos los que en algún momento se sus vidas conocieron el odfelismo como institución de Amor, Amistad y Verdad.

Justo Luis Pérez Morell
Noble Grande

Oficialidad de la Logia Durante el Centenario

Juan Medina, *Past Noble Padre*

Miembro de la Resp. Logia Luz del Meridiano por los pasados 30 años y es miembro del Patriarcado del pueblo de Guayanilla. Gran Auditor Comité Administrativo de Puerto Rico durante los bienios 1988-89, 2015-16 y 2016-17. Ex miembro de la Logia Sombras del Laurel del Coto Laurel.

Modesto Casiano, *Noble Padre*

Miembro de la Resp. Logia Luz del Meridiano por más de 60 años. Pasado Noble Grande. Ostenta el grado de Patriarca y actualmente ocupa la posición de mayor jerarquía en la logia.

Justo Luis Pérez Morell, *Noble Grande*

Más de 65 años como odfelo, es el actual Noble Grande de la Resp. Logia Luz del Meridiano, posición que ha ocupado por los pasados 4 años liderando los esfuerzos hacia la celebración del centenario de la logia. Ostenta el grado de Patriarca.

Luis Efraín Lamberty, *Vice Grande*

Odfelo de segunda generación. Tiene más de 50 años en el odfelismo. Sirvió en el Comité Administrativo de Puerto Rico 4 Años como Gran Auditor, 6 años como Gran Director, 1 año como Gran Tesorero y fue Gran Maestro del Distrito Núm. 3 durante el bienio 1995-96. Ha sido nombrado Gran Director del Comité Administrativo para el bienio 2016-17.

Luis Cintrón, *Secretario Permanente*

Miembro de la Resp. Logia Luz del Meridiano por los pasados 10 años. Ostenta el grado de Past Noble Padre.

Ramón G. Colón Thillet, *Tesorero*

Odfelo de segunda generación, miembro del odfelismo por más de 35 años. Ostenta el grado de Patriarca y sirvió como Noble Grande durante el 75to Aniversario de la Resp. Logia Luz del Meridiano. Ha servido con distinción como tesorero de la logia.

Alejandro Ortiz, *Abogado*

Ha sido miembro de logias odfélicas en Puerto Rico y EE.UU. Ostenta el grado de Past Noble Padre.

Jorge de Jesús, *Capellán*

Miembro y tesorero del Consejo de Maestros Víctor Cruz. Más de 50 años en el odfelismo. Ha servido como Capellán por los últimos 20 años.

David Olavarría, *Custodio*

Uno de los miembros más jóvenes de la Resp. Logia Luz del Meridiano.

Nota Editorial

Este tomo ha sido una labor colaborativa con la intensión de celebrar y recordar 100 años de historia. Un esfuerzo de los hermanos de la Resp. Logia Luz del Meridiano del presente y del pasado. Al entrar en los archivos históricos nos dimos cuenta de que muchas de las actas y documentos habían desaparecido. Por lo cual tuvimos que reconstruir mucho de lo que había ocurrido en la logia desde su fundación.

Donde los hermanos de la logia contribuían sus memorias a este proyecto. Presentando una visión de lo que es el odfelismo en Juana Díaz y un vistazo al odfelismo en Puerto Rico. Sin la entusiasta colaboración de los hermanos no se hubiera podido completar este libro.

Aun así falta mucho que recordar y perpetuar en escritura.

Alejandro Ortiz, *Ct.*
Editor

Pd. Parte de este esfuerzo incluyó tratar de ilustrar que es el odfelismo en Puerto Rico. Para así, los futuros odfelos y lectores profanos, sepan que es esta institución.

Gracias por la visita
Sigan en la logia que
hoy maestro que aprender

Mensaje del Hno. Pablo Vives durante lo que fue la última visita que le rindieron los hermanos de logia.

La Respetable Logia Luz del Meridiano #8-9641 de Juana Díaz

Tiene el honor de invitarles a su

100 ANIVERSARIO

A celebrarse los días 20, 21 y 22 de noviembre de 2015

Viernes 20 noviembre: Respetable Logia Luz del Meridiano. 8:00pm. (Debidamente revestidos)

Sabado 21 de noviembre: Centro de Bellas Artes Ada Mage Zayas, Juana Díaz. 7:30pm.

Domingo 22 de noviembre: Centro Recreativo Odfélico. 9:00am.

Gran Final: Plaza Ramón Baldorioty de Castro. 8:00pm.

Favor confirmar asistencia: 787-664-9698, 787-317-3875

Contenido

Prólogo 5

Dedicatoria 7

Oración de Apertura 11

Salmo 133 13

El Odfelismo: Palabras con Luz 15

Cuadro 1 18

Cuadro 2 20

Apuntes Históricos de la Logia Luz del Meridiano 23

Cuadro 3 33

El Odfelo de Hoy y del Futuro 35

De Dónde Venimos, Dónde Estamos, Hacia Dónde Vamos 39

Cuadro 4 43

El Oriente Eterno 45

Odfelos, Juanadinos e Ilustres 51

Noble Grandes de la Resp. Logia Luz del Meridiano 52

Cuadro 5 53

Víctor E. Cruz Cruz 55

Zoilo Gracia Zayas 57

Cuadro 6 60

Bienal Odfélica 61

Cuadro 7 66

El Amor y Responsabilidad Fraternal 69

Cuadro 8 75

Poetas y Odfelos 79

Efraín Lamberty Carlo   89

Las Damas del Meridiano   95

   Cuadro 9   97

La Rama Juvenil   99

Luz del Meridiano y su Apoyo a la Juventud   100

   Cuadro 10   101

Organización de la Gran Orden Unida de Odfelos de Puerto Rico   103

   Cuadro 11   106

Luis Efraín Lamberty   109

   Cuadro 12   113

Galería Odfélica   115

Sabía Usted…   139

De los Hermanos de Luz del Meridiano   145

Desde una Aldea Hasta la Titularidad de Pueblo   149

Nuestros Vecinos   157

Oración de Clausura   163

Agradecimientos   165

Oficialidad de la Logia Durante el Centenario   166

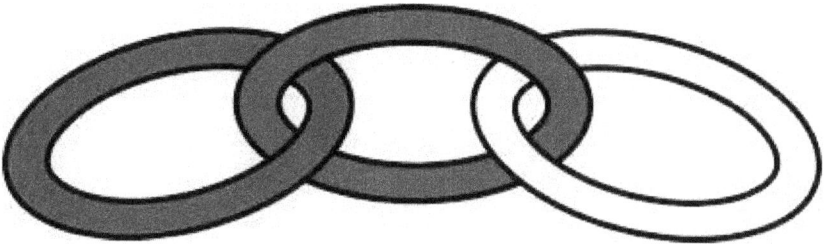

www.ingramcontent.com/pod-product-compliance
Lightning Source LLC
Chambersburg PA
CBHW071220090426
42736CB00014B/2906